Mein gesunder
Rottweiler

Dr. med. vet. Lowell Ackerman

Unter Mitarbeit von
Dr. med. vet. Marion Heigl
Dr. Jürgen Schmidt

Über den Autor

Dr. med. vet. Lowell Ackerman gilt als weltweit anerkannter Spezialist der Veterinärmedizin. Seine Bücher und Vorträge finden großen Zuspruch. Sogar eine eigene Radioshow mit Schwerpunktthemen aus der Veterinärmedizin moderiert er seit einigen Jahren. Sein besonderes Interesse gilt Fragen der richtigen Behandlung von Hautkrankheiten, Ernährung und der Vererbungslehre.

An dieser Stelle sei besonders seine Internet Homepage erwähnt, unter der Sie Fragen stellen können, und damit tiefer in manche Problematik eindringen, als dieses Buch es kann.

http://www.familyinternet.com/pet/pet-vet.htm

© 2000, 2. überarbeitete Auflage der deutschen Ausgabe, bede-Verlag, Ruhmannsfelden
© der englischen Originalausgabe by Lowell Ackerman DVM
bede-Verlag GmbH, 94239 Ruhmannsfelden
email: bede-verlag@t-online.de
Internet: www.bede-verlag.de
Herstellung und Gestaltung: Marcus Degen, bede-Verlag
Bildnachweis: Fotolabor Klaar, Feldafingen, Detlef Handschack
Wir bedanken uns herzlich für die freundliche Unterstützung
Archiv T.F.H. Publications Inc.
(Isabelle Francais, Judith Iby, Patti Liermann, Jaqueline Mertens, Scotty Richardson, Penny Schultz, Robert Smith, Karen Taylor, Josef Wolff)
außer wenn anders aufgeführt
Übersetzung: Herprint International cc, Bredell 1623, Südafrika

Durchsicht der deutschen Übersetzung: Dieter Haspel, Nürnberg – Allgemeiner Deutscher Rottweiler Klub, Minden

ISBN 3-931 792- 49-8
bede-Bestellnummer MG 015

Inhalt

Vorwort   4

Entstehungsgeschichte der Rasse   6

Charakter und Körperbau   8
Struktur und äußerliche Merkmale ·
Fellfarbe, -pflege, und - beschaffenheit ·
Verhalten und Persönlichkeit des Rottweilers

Die Auswahl   20
Was braucht ein Rottweiler?
Medizinische Untersuchung · Verhaltenstests
Organisationen, die Sie kennen sollten

Die Ernährung   30
Kommerzielles Hundefutter
Ernährung von Welpen · Futter für den erwachsenen Hund
Ansprüche im Alter · Andere Ernährungsansprüche

Die Erziehung   38
Stubenreinheit · Leinenführung · Kommen auf Ruf
Das Auslassen · Das Sitz · Platz · Bestrafung

**Vorbeugende Maßnahmen und
Gesundheitspflege**   46
Im Alter von zwei bis drei Wochen
Im Alter von sechs bis zwanzig Wochen
Im Alter von vier bis zwölf Monaten
Die ersten sieben Lebensjahre
Der alte Rottweiler

Krankheiten   60

Infektionen und Parasitosen   80

Erste Hilfe   94

Glossar   116

Dieses Buch will Sie mit so wichtigen Punkten wie der Auswahl Ihres Rottweilers, der Erkennung von Verhaltensproblemen, der richtigen Ernährungsweise, sowie der optimalen Pflege vertraut machen.

Die wichtigste Aufgabe für den Halter eines Rottweilers ist es, diesen gesund zu erhalten. Im Gegensatz zu vielen anderen Büchern, die sich mit den Zuchtqualitäten, dem Körperbau und den Ausstellungseignungen dieser Hunde beschäftigen, befaßt sich dieses Buch hauptsächlich mit der Gesundheitsvorsorge für den Rottweiler. Alle diesbezüglichen Informationen wurden aus unterschiedlichen Quellen zusammengestellt, um dem Leser einen möglichst breiten und aktuellen Überblick zu geben. Dieses Buch macht Sie mit so wichtigen Punkten wie der Auswahl des Hundes, der Erkennung von ererbten medizinischen und Verhaltensproblemen, der richtigen Ernährungsweise sowie der optimalen medizinischen Pflege vertraut.

Es soll es Ihnen ermöglichen, Ihren Rottweiler so gesund wie möglich zu halten und ihm dadurch ein langes, erfülltes und glückliches Leben zu bieten.

Dr. vet. Lowell Ackerman
im Frühjahr 1999

Mit diesem Buch sollte es Ihnen möglich sein, Ihren Rottweiler so gesund wie möglich zu erhalten und ihm dadurch ein langes und gesundes Leben zu bieten.
Foto: R. Klaar

Rottweiler besitzen einen natürlichen Hirteninstinkt, weshalb sie sich gut als Hütehunde eignen. Dabei spielt es keine Rolle, ob es sich um große oder kleine zu bewachende Nutztiere handelt.

Der moderne Rottweiler

Die genaue Genealogie des Rottweilers liegt leider im Altertum verborgen. Es wird jedoch vermutet, daß die Rasse ursprünglich vor etwa eintausend Jahren aus den molossenartigen, römischen Zughunden hervorging. Der „Metzgerhund aus Rottweil" entwickelte sich dann später zu dem heutigen Rottweiler, benannt nach der gleichnamigen Stadt in Süddeutschland. Zu dieser Zeit gab es viele Viehzüchter und Metzger in Rottweil, und die römischen Zughunde waren wertvolle Viehtreiber. In der Mitte des 19. Jahrhunderts erfuhr die

Rasse einen starken Einbruch, denn die Aufgaben der Zughunde wurden nun größtenteils von Eseln und später der Eisenbahn übernommen.

Erst im 20. Jahrhundert erlangte die Rasse des Rottweilers durch die Arbeit als Polizeihund neue Anerkennung. Der Allgemeine Deutsche Rottweiler Klub (ADRK) wurde 1907 gegründet und veröffentlichte 1924 das erste offizielle Zuchtbuch der Rasse. Seinen Einzug nach Amerika hielt der Rottweiler 1929, kurz vor dem großen Börsenzusammenbruch. Die erste Eintragung eines Rottweilers in das Zuchtbuch des American Kennel Clubs erfolgte 1931. Im Jahre 1994 war der Rottweiler bereits die am zweithäufigsten registrierte Rasse in diesem Verband. Zieht man die heutige Popularität dieser Hunde in Betracht, kann ihr fast kometenhafter Aufstieg innerhalb einer relativ kurzen Zeitspanne und besonders nach den anfänglichen Schwierigkeiten, mit Recht als ausgesprochen beachtlich bezeichnen werden.

Der Rottweiler stammt höchstwahrscheinlich vom römischen Zughund ab und war bereits vor über tausend Jahren ein wertvoller Hütehund.

Äußere und Verhaltensmerkmale des Rottweilers

Der Rottweiler ist ein selbstsicherer, ruhiger und couragierter Hund und verkörpert eine exzellente Kombination aus Wachhund und Gesellschafter. Rottweiler verspüren ein regelrechtes Verlangen danach, ihr Heim und ihren Halter zu beschützen und nehmen diese Aufgabe überaus ernst. Darüberhinaus sind sie ausgesprochen anpassungsfähig und leicht zu führen. Jeder Rottweiler, der sich als schwer kontrollierbarer, unfreundlicher und/oder ängstlicher Hund entpuppt, ist kein „echter" Rottweiler, ganz egal, wie charakteristisch seine schwarze und braune Fellzeichnung auch sein mag.

Struktur und äußere Merkmale

Dieses Buch beschäftigt sich nicht mit Ausstellungshunden, weshalb Sie nach deren spezifischen Merkmalen und dem Rat, wie Sie einen zukünftigen Champion auswählen, vergeblich suchen werden. Das Ziel des Buches ist es, Ihnen grundlegende Informationen über die Erkennung des Gesundheitszustands eines Rottweilers und seiner äußeren Qualitätsmerkmale zukommen zu lassen.

Rottweiler nehmen ihre Aufgabe, Heim und Halter zu beschützen, überaus ernst. Außerdem sind sie anpassungsfähig und leicht zu führen.
Foto: Archiv bede-Verlag

der Vorstellungskraft derer existiert, die diese Richtlinien festlegen. Wer sich also einen guten Haus- und Familienhund wünscht, sollte dessen charakteristische Merkmale aus einer eher praktischen Sicht betrachten und beurteilen.

Der Rottweiler war ursprünglich ein mittelgroßer Hund. Als er jedoch immer häufiger als Schutzhund im Polizeidienst Verwendung fand, begannen die Züchter damit, bedeutend größere und schwerere Exemplare zu züchten. Die meisten erwachsenen Rüden weisen heute eine Schulterhöhe von 61 bis 68 cm auf, die Weibchen bleiben mit 56 bis 63 cm etwas kleiner. Ein größerer Hund ist jedoch nicht gleichbedeutend mit einem

Seit 1999 verbietet Deutschland, als Mutterland der Rasse, in seinem Rassestandard, das Kupieren der Rute. Unkupierte Rottweiler, wie dieser aus Schweden stammende Rüde jedoch sind noch recht selten.

Selbstverständlich liegt die Schönheit stets im Auge des Betrachters. Da die festgelegten Rassestandards ständigen Änderungen unterworfen sind, sollten Sie nicht versuchen, Ihren Hund an solch imaginären Richtlinien messen zu wollen – das ist weder für den Hund noch für Sie von irgendeinem praktischen Vorteil. Die Tatsache, daß ein Hund nicht zum Champion taugt, besagt nicht auch gleichzeitig, daß er deswegen kein guter Haushund ist. Selbst bei einem zum Champion gekrönten Hund bietet dieser Titel allein keine Garantie dafür, daß das Tier auch wirklich in Ihre Familie paßt.

Züchter und an Ausstellungen interessierte Halter werden einen Rottweiler danach auswählen, inwieweit seine Wesenszüge und äußeren Merkmale den Vorgaben des Zuchtstandards entsprechen. Der perfekt dem Standard entsprechende Rottweiler ist allerdings ein Tier, das eigentlich nur in

... und denken Sie dran

Egal ob Sie nun einen Rottweiler als Haushund oder zum Züchten suchen, achten Sie stets darauf, daß Sie vom Züchter einen Gesundheitspaß für Ihren Welpen bekommen. Wählen Sie nur einen Welpen aus einer Zuchtlinie, die nachweislich frei von genetisch bedingten Krankheiten ist.

besseren. Rottweiler waren nie dazu bestimmt, sich zu Riesen zu entwickeln, und die durch Selektivzucht provozierte Großwüchsigkeit kann durchaus der Grund dafür sein, daß einige, eigentlich nur für wirklich große Rassen typische Gesundheitsprobleme, heute auch beim Rottweiler festzustellen sind. Es gibt Anhaltspunkte dafür, daß die größeren Vertreter der Rasse möglicherweise auch anfälliger für orthopädische Probleme wie Ellbogen- und Hüftgelenksdysplasie sind.

Fellfarbe, -beschaffenheit und -pflege

Es gibt nur eine rassetypische Fellfärbung beim Rottweiler – schwarze Grundfarbe mit kräftig rotbraunen Abzeichen (Brand). Die verschiedenen Standards schreiben sogar vor, wo genau sich diese rotbraunen Abzeichen befinden dürfen und wo nicht. Allerdings hat das mit der Gesundheit des Hundes herzlich wenig zu tun. Das Fell soll laut Zuchtstandard mittellang, glatt und derb sein, weshalb ein leicht welliges oder sogar lockiges sowie weicheres Fell von den meisten Züchtern als Fehler betrachtet wird, obwohl das keinen Einfluß auf die Gesundheit hat. Alle Züchter verlangen ein Unterfell, das nicht durch das Deckhaar durchschimmert. Letzteres darf seinerseits weder zu lang noch zu kurz sein. Trotz allen Aufhebens, das um die Fellbeschaffenheit veranstaltet wird, müssen sich die meisten Rottweilerhalter nicht ihren Kopf über die Fellpflege zerbrechen. Rottweiler werden normalerweise nicht getrimmt, jedoch ist das gelegentliche Bürsten bestimmt nicht von Nachteil. Gebadet wird ein Rottweiler eigentlich nur, wenn er schmutzig ist und/oder einen unangenehm muffigen Geruch verströmt. Dazu wählen Sie am besten ein spezielles Hundeshampoo ohne medizinische Zusätze. Obwohl in jüngster Zeit Fälle von Seborrhoe (krankhaft vermehrte Absonderung der Talkdrüsen mit daraus entstehender Schuppenbildung auf der Oberhaut) bei Rottweilern aufgetreten sind, ist die Rasse dennoch so gut wie frei von Hautkrankheiten.

Verhalten und Persönlichkeit des aktiven Rottweilers

Persönlichkeit

Der Rottweiler besitzt eine gewinnende und gleichzeitig beeindruckende Persönlichkeit. Er ist oftmals erst zurückhaltend, freundet sich dann doch schnell mit Menschen an und genießt deren Aufmerksamkeit. Wer sich erst einmal mit einem Rottweiler angefreundet hat, besitzt einen Kameraden für's Leben und sollte sich gleich mit dem Gedanken an gemeinsame Ballspiele, Schmusestunden, spielerische Raufereien und ähnliches vertraut machen. Rottweiler sind den Mitgliedern ihres Rudels, also den zweibeinigen Familienmitgliedern, treu ergeben. Werden sie mit Liebe, Respekt und dem richtigen Training aufgezogen, sind sie loyale und zuverlässige Beschützer aller, die zur Familie gehören. Rottweiler lieben Kinder, folgen ihnen überall hin und bewachen sie sehr sorgsam. Ihre Vergangenheit als Zughunde macht sie zu idealen Spürhunden – sie verfolgen willig und gekonnt nicht nur die Spuren von Menschen, sondern auch die von Dingen. Außerdem haben sie eine enge Bindung an ihr Zuhause und alles, was dazugehört, wodurch sich ihr Schutzinstinkt nicht nur auf die Familienmitglieder, sondern auch auf Wohnung und Hausrat erstreckt.

Bei der Konfrontation mit fragwürdigen oder bedrohlich erscheinenden „Gestalten" wird aus dem sonst freundlichen umgehend ein distanzierter Rottweiler, der durchaus einen einschüchternden und bedrohlichen Eindruck hinterläßt. Er beobachtet seine Umgebung mit größter Aufmerksamkeit und bemerkt sofort, wenn etwas nicht so ist, wie es sein sollte.

Der temperamentvolle Rottweiler wird beim

... und denken Sie dran

Achten Sie stets darauf, daß das Fell des ausgewählten Welpen gesund aussieht. Es sollte glänzen und am Körper anliegen, niemals jedoch stumpf und/oder struppig wirken. Kahle Stellen weisen auf Hauterkrankungen hin.

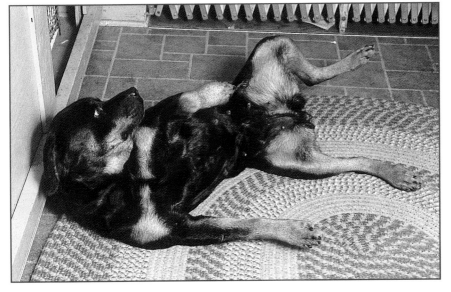

Dieser Rottweiler nimmt zu einem Nickerchen die favorisierte Haltung der Rasse ein. Auf dem Rücken liegend mit ausgestreckten Beinen fühlt er sich offenbar so richtig wohl.

Anblick von Eindringlingen zuerst durch energisches Bellen seinen Halter warnen und die Fremdlinge einschüchtern. Ist jedoch niemand zu Hause und der Hund erachtet die Situation als bedrohlich, wird er wahrscheinlich selbständig entscheiden und sein Heim mit aller Kraft verteidigen.

Die immer wieder aufgebrachten Behauptungen, der Rottweiler würde Menschen ohne ersichtlichen Grund angreifen und ihm wäre in Bezug auf Kinder nicht zu trauen, sind an den Haaren herbeigezogen. Wenn der Hund aus einer guten Zuchtlinie stammt und vom Welpenalter an das richtige Training und eine gute Führung erfahren hat, wird er allen Familienmitgliedern ein guter Beschützer und liebevoller Gefährte sein.

Rottweiler sind ihrem Halter und dessen Familie treu ergeben und genießen die Teilnahme an Familienaktivitäten. Sie akzeptieren ihren Rang im „Rudel" und stehen ihren Aufgaben verantwortungsbewußt gegenüber.

Obwohl oftmals gesagt wird, ein Rottweiler bräuchte aufgrund seines gut ausgeprägten, instinktiven Schutzverhaltens kein spezielles Schutzhundtraining, muß dem an dieser Stelle unbedingt widersprochen werden. Die Ausbildung zum Schutzhund dient nicht dem Zweck, einen Hund aggressiv oder zu einer alles zerreißenden Bestie zu machen, sondern in erster Linie der Ausbildung des Halters zu einem guten Schutzhundführer und in zweiter dem Zweck, dem Hund den Unterschied zwischen einer ernsten Gefahr und einer bloßen Provokation beizubringen sowie ihn auf bestimmte Kommandos abzurichten. Eines der wichtigsten Kommandos ist das zum Auslassen, also den Gebissenen sofort freizugeben und nicht erneut zuzubeißen, was ungeheuer wich-

Bei der Konfrontation mit fragwürdigen oder bedrohlich erscheinenden „Gestalten" wird aus dem sonst so freundlichen Hund ein durchaus einschüchternder Hund, der einen bedrohlichen Eindruck macht. Er beobachtet seine Umgebung aufmerksam und bemerkt sofort, wenn etwas nicht so ist, wie es sein sollte. Foto: Robert Smith

Ist auch alles Nötige eingepackt? Dieser Welpe bereitet sich mit viel Freude auf einen Familienausflug vor.

tig ist, wenn der Hund versehentlich den oder das Falsche zwischen den Zähnen hat. Das Beißen muß den wenigsten Hunden erst beigebracht werden, jedoch gehört schon etwas Training dazu, den Hund dahingehend zu schulen, nur auf ein Kommando hin oder in einer wirklich bedrohlichen Situation zuzubeißen und auf das betreffende Kommando hin sofort auszulassen. In den allermeisten Fällen reicht ein aggressives Bellen und Knurren völlig aus, um den vermeintlichen Feind in die Flucht zu schlagen, wohingegen ein gezielter Biß stets die letzte aller Verteidigungsmöglichkeiten sein sollte.

Einem solchen Training sollten deshalb nicht nur Hunde unterzogen werden, die über ein schwer kontrollierbares Temperament verfügen, sondern besonders die, deren Schutzinstinkt so stark ausgeprägt ist, daß sie leicht ein gutgemeintes Schulterklopfen als Angriff auf ihren Halter auslegen.

Der perfekte Rottweiler ist weder aggressiv noch herrschsüchtig, sondern eher ein liebevolles Familienmitglied mit einer ausgeprägten Selbstachtung, das seine ihm zugewiesene Position im „Rudel" problemlos akzeptiert. Da der Rottweiler ein großer und kräftiger Hund ist, kann er unter bestimmten Umständen großen Schaden in der Wohnung anzurichten. Deshalb sollten Sie bei der Auswahl eines Welpen sehr genau auf vorhandene Anzeichen von Verhaltensstörungen achten. Es ist weiterhin unbedingt dazu zu raten, einen Rottweiler in einem Hundeverein im Gehorsam zu trainieren, denn wie jeder andere Hund besitzt auch er ohne die richtige Erziehung das Potential zu einem Rowdy.

Verhalten

In jeder Hunderasse gibt es einige ganz spezifische Verhaltensmuster, und der Rottweiler stellt darin keine Ausnahme dar. Bei keiner Rasse können die guten oder schlechten Verhaltensweisen standardisiert ausgedrückt werden, aber dennoch werden Sie immer wieder auf Verhaltensformen treffen, die mit einer beeindruckenden Regelmäßigkeit innerhalb einer Rasse auftreten und von den einzelnen Zuchtlinien völlig unabhängig sind. Eines dieser rassetypischen Verhaltensmerkmale, das weltweit bei allen Rottweilern vertreten ist, könnte als Brummen bezeichnet werden. Es handelt sich um ein tiefes, brummiges Knurren, das ganz tief aus der Kehle des Hundes aufsteigt und immer dann zu hören ist, wenn er gekrault, gehätschelt oder anderweitig mit Aufmerksamkeit verwöhnt wird. Dieser Ausdruck des Wohlbefindens kann auf einen unerfahrenen Rottweilerbesitzer schon ziemlich überraschend und verwirrend wirken. Im Gegensatz dazu ist jedes Schnappen und Beißen, das von Knurren begleitet ist, ein absolut unakzeptables Verhalten. Der Unterschied zwischen diesen beiden Verhaltensweisen ist gewöhnlich sehr deutlich, denn erstgenanntes Brummen erfolgt nur auf erteilte Aufmerksamkeiten und geht niemals mit einem Fletschen der Zähne einher.

Eine andere „Marotte" aller Rottweiler ist die Vorliebe dafür, sich auf den Rücken zu rollen und alle vier Pfoten in die Luft zu strecken. Diesem Verhalten liegen mehrere Auslöser zugrunde. Zum Einen wird diese Körperhaltung eingenommen, wenn das Tier am Bauch gekrault wird oder werden will. Diese Situation ist auch gleichzeitig die, bei der das vorher erwähnte Brum-

Der Rottweiler verkörpert eine der besten Wachhundrassen, ist anpassungsfähig und fügsam.

men am häufigsten zu hören ist. Andererseits wird die Rückenlage auch gerne beim Schlafen oder Spielen eingenommen. Rottweiler-Welpen können oftmals dabei beobachtet werden, daß sie auf dem Rücken liegend, an ein Möbelstück oder eine Wand angelehnt und mit nach oben gestreckten Beinen schlafen. Beim Spielen finden sie es ausgesprochen begeisternd, ein Spielzeug auf dem Rücken liegend zwischen den Pfoten festzuhalten, es erst aus einem Abstand eingehend zu betrachten und dann ans Maul zu führen, um eingehend daran herumzunagen, wobei das Spielzeug zwischenzeitlich immer wieder hochgehoben und erneut begutachtet wird. Jeder Halter eines Rottweilers wird bestätigen können, daß dieses Verhalten sehr häufig zu beobachten ist.

Aktivitäten

Wenn Sie sich einen Rottweiler anschaffen wollen, sollten Sie sich für mindestens eine Art von gemeinsamer Beschäftigung entscheiden, der Sie regelmäßig mit Ihrem Hund nachkommen, um so dem Bewegungsdrang des Tieres Rechnung zu tragen und das Gefühl der Zusammengehörigkeit zu fördern. Rottweiler gehören in die Kategorie der Arbeits- oder Leistungshunde, die eine Aufgabe benötigen, die ihrem Energiegrad und ihren Fähigkeiten entspricht.

Gehorsamkeitstraining: Das Training in einer guten Hundeschule ist eine exzellente Möglichkeit für gemeinsame Aktivitäten. Hier erhält der Hund nicht nur die benötigte Bewegung, sondern muß genau wie Sie lernen, was das Konzentrationsvermögen und die Auffassungsgabe des Hundes verbessert. Sie lernen in erster Linie, Ihren Hund in jeder Situation zu kontrollieren und ihn mit Respekt, Geduld und fester Hand zu führen. Der Rottweiler wiederum genießt auf diese Weise eine gute Erziehung, lernt bestimmte Kommandos korrekt auszuführen und Ihnen unbedingten Gehorsam zu leisten. Sie und Ihr Hund werden dabei ein besseres gegenseitiges Verständnis entwickeln, denn beide lernen die Körper- und Gestensprache des anderen zu verstehen und umzusetzen, und der Hund beginnt, die menschliche Sprache zu begreifen. Er wird schnell an Ihrer Tonlage zu unterscheiden wissen, ob Sie ärgerlich, zum Spielen aufgelegt, traurig oder beschäftigt sind. Außerdem wird ein guter Ausbilder während des Trainings feststellen, ob sich der Hund eventuell in eine unerwünschte Richtung entwickelt und Sie darauf aufmerksam machen sowie Ihnen eine Reihe von Tips geben, um dem rechtzeitig und effektiv entgegenzuwirken, bevor sich daraus ernsthafte Verhaltensstörungen entwickeln können.

Für denjenigen, der Spaß an Wettbewerben hat und mit seinem Hund gerne Preise oder Titel gewinnen möchte, bieten viele Vereine und Verbände sogenannte Unterordnungsprüfungen an, wo die Halter mit ihren Hunden in den Wettkampf um die beste Leistung ziehen.

Leistungstraining: Nachdem ein Rottweiler die Grunderziehung hinter sich und unter Beweis gestellt hat, daß er auf von Ihnen erteilte Kommandos prompt und wie gewünscht reagiert, können Sie sich einem Verein oder einer Schule anschliessen, die spezielles Leistungstraining für Arbeitshunde anbieten. Diese Art von Ausbildung versorgt den Hund mit viel Bewegung und macht ihm und Ihnen darüberhinaus viel Spaß. Hierbei lernt der Hund das Durchlaufen von langen und flachen „Tunneln", das Überspringen von Hindernissen, den Slalomlauf um Markierungsstangen, das sichere Überqueren von Rampen und Wippen und vieles mehr. Auch hier gibt es wieder Wettkampfveranstaltungen, an denen der Interessierte teilnehmen kann, um die Leistungen seines Hundes mit denen anderer zu messen und vielleicht sogar den einen oder anderen Preis oder Titel zu gewinnen.

Zugelassen werden natürlich nur Hunde mit einem einwandfreien Knochenbau, also solche, die nicht unter orthopädischen Problemen leiden oder die Veranlagung zu solchen haben. Sprungtraining sollte generell nur mit völlig gesunden Hunden und erst ab einem Alter von 12 Monaten durchgeführt werden.

Schutzhundtraining: Zu diesem Thema wurde bereits im Kapitel „Persönlichkeit" einiges gesagt. Diese Form der Ausbildung stammt aus Deutschland und wurde eigentlich aus dem speziellen Training für Polizeihunde entwickelt. Hierbei werden Ihrem Hund und Ihnen schon etwas mehr Arbeitseinsatz und Zeit abverlangt, jedoch ist es dennoch für den Hund eine weitere Möglichkeit, seinen Bewegungstrieb zu befriedigen. Für Sie bietet sich hier die Möglichkeit, das Maß an unterschwellig vorhandener Aggressivität und die Ausgeprägtheit des Schutzinstinktes Ihres Hundes zu erkennen, zu schulen und zu kontrollieren. Eine Voraussetzung zur Teilnahme am Schutzhundtraining ist, daß der Hund eine vollständige Ausbildung im Gehorsamkeitstraining nachweisen kann. Das Schutzhundtraining wird nicht von

vielen Vereinen und Schulen angeboten, weshalb Sie sich schon etwas umhören und ausreichende Informationen über die verschiedenen Anbieter einholen sollten. Diese Art von Training bringt nur den gewünschten Erfolg, wenn Sie die richtige Einstellung dazu haben und der Trainer weiß, welche der vielen unterschiedlichen Trainingsmethoden bei welchem Hund

... und denken Sie dran

Das Wesen Ihres Welpen sollte sich durch Aufmerksamkeit, Neugier und Verspieltheit auszeichnen. Ängstlichkeit, Schreckhaftigkeit oder Aggressivität sind Anzeichen für sich anbahnende Verhaltensstörungen.

anzuwenden ist. Außerdem sollte das Training stets auf den individuellen Fähigkeiten und Charaktereigenschaften des Hundes aufgebaut werden, denn eine falsche oder ungeeignete Trainingsmethode kann einen Hund schnell ruinieren und zu einer unberechenbaren Bestie oder auch einem chronischen Angsthasen machen.

Diese Art von Ausbildung setzt selbstverständlich einen absolut intakten Gesundheitszustand des Hundes voraus. Solche mit orthopädischen Problemen oder einer Neigung dazu, sollten generell vom Schutzhundtraining ausgeschlossen werden. Außerdem ist unbedingt darauf zu achten, daß der Hund mindestens fünf Stunden vor dem Training kein Futter erhält, weil es sonst durch die körperliche Anstren-

Obwohl regelmäßiges Felltrimmen beim Rottweiler nicht nötig ist, genießt er es, gelegentlich gebürstet zu werden. Dabei werden lose Haare und abgestorbene Hautpartikel entfernt.

gung und die Aufregung schnell zu einer potentiell tödlichen Magenverschlingung kommen kann.

Um den offiziellen Titel „Schutzhund" zu erlangen, muß der Hund entsprechende Prüfungen ablegen – Schutzhundprüfung I, II und III. Dabei wird ihm eine ganze Reihe von schwierigen und anstrengenden Leistungen abverlangt, die auch Auszüge aus

dem Gehorsamkeitstraining, dem Leistungstraining und dem Spürhundtraining beinhalten.

Hütehundtraining: Eine der ersten Aufgaben, der sich der Rottweiler bereits in seiner Vergangenheit stellen mußte, ist das Hüten von Viehherden. Diese Rasse ist zum Bewachen und Führen von Nutztieren aller Größen geeignet. Das Hütehundtraining ist eine ganz spezielle Form der Ausbildung, die dem Hund viel Bewegung verschafft und ihn eigentlich voll ausfüllt.

Auch hier ist es nicht einfach, einen geeigneten Ausbilder zu finden, jedoch erfreut sich das Hütehundtraining unter den Haltern von Rottweilern heute wieder einer zunehmenden Beliebtheit. Selbstverständlich stehen in dieser Kategorie ebenfalls Wettbewerbe zur Verfügung, an denen Sie teilnehmen und gemeinsam mit anderen Haltern und deren Hunden um Preise und Titel konkurrieren können.

Fährtenhundtraining: Hierbei handelt es sich wieder um eine Art von Ausbildung, die häufiger angeboten wird. Auch hier wird dem Hund Bewegung und gemeinsamer Spaß mit Ihnen geboten. Diese Trainingsart eignet sich darüberhinaus auch für bereits ältere Hunde, die Bewegung brauchen, jedoch nicht mehr den Anstrengungen des Springens und Herumrennens ausgesetzt werden sollten sowie für solche, die unter orthopädischen Problemen leiden und deshalb von bestimmten Übungen und anstrengenden körperlichen Aktivitäten ausgeschlossen werden müssen. Nach einer guten Ausbildung kann der Hund seine Fährtenhundprüfung ablegen und natürlich auch in dieser Disziplin an Wettbewerben teilnehmen, Preise und vielleicht sogar einen der begehrten Titel gewinnen.

Zughundtraining: Eine andere, damals namengebende Aufgabenstellung für den Rottweiler war das Ziehen von kleinen, mit landwirtschaftlichen Produkten beladenen Karren zum Marktplatz. Heute sind Wettbewerbe mit karrenziehenden Rottweilern ein großer Spaß für die ganze Familie. Den Hund auf das Ziehen eines solchen kleinen und natürlich leichten Wägelchens abzurichten, kann auch seine praktischen Vorteile im Alltagsleben haben. Besonders für ältere Personen oder auch für kinderwagenschiebende Mütter kann der Rottweiler so zu einer praktischen und unentbehrlichen Hilfe beim Einkaufen werden. Leider wird diese Trainingsart, die den Hunden viel Bewegung verschafft, ebenfalls nur von wenigen Schulen und Vereinen angeboten, jedoch sollten Sie sich davon nicht gleich abschrecken lassen. Mit etwas Geduld wird der Interessierte bestimmt einen Ausbilder finden.

Rucksack/Camping: Hierbei handelt es sich weniger um eine echte Trainingsart als vielmehr um einen weiteren Anreiz zu gemeinsamen Aktivitäten. Viele Menschen verbringen ihre Freizeit heute gerne damit, mit Rucksack und Campingzubehör bewaffnet einen ausgiebigen Ausflug in die Natur zu unternehmen. Ob nun auf einem Campingplatz oder einer lauschigen Waldlichtung, wo Hunde seitens der Eigner erlaubt sind und von wo aus Sie lange Spaziergänge durch Wald und Flur unternehmen können, sollte auch der Rottweiler als

Familienmitglied dabei sein. Es ist nicht schwierig, einen geeigneten Rucksack zu beschaffen oder auch selbst herzustellen und den Hund zu lehren, diesen mit seinen persönlichen Utensilien bepackt auf dem Rücken zu tragen. Natürlich darf dieser Hunderucksack nicht zu schwer oder zu groß und mit zu vielen oder schweren Gegenständen bepackt sein.

Dies sollen nur einige von vielen Beispielen dafür sein, was Sie Ihrem Rottweiler so alles beibringen können, um ihm einerseits Bewegung und eine Aufgabe sowie andererseits gemeinsamen Spaß mit der Familie zu bieten. Für welche Art von gemeinsamen Aktivitäten Sie sich nun auch entschließen mögen, Sie sollten in jedem Fall darauf achten, daß die angewandten Trainingsmethoden auf die Fähigkeiten und das Alter sowie auf den Gesundheitszustand Ihres Tieres abgestimmt sind. Außerdem ist darauf zu achten, daß ein aktiver Leistungshund unbedingt eine ausgewogene und angemessene Ernährung erhält. In jedem Fall aber sollte der Rottweiler, falls seine Papiere keine Auskunft darüber geben, vor dem Beginn aller Trainingsarten unbedingt auf orthopädische Probleme wie Ellbogengelenks- und Hüftgelenksdysplasie untersucht werden um sicherzustellen, daß die körperliche Verfassung des Hundes den geplanten Aktivitäten entspricht. Der wichtigste Punkt sollte jedoch immer der sein, daß Sie und Ihr Hund Spaß am Training haben, denn ungeliebte Pflichtübungen, die weder dem Charakter noch den Fähigkeiten des Hundes entsprechen, bringen niemals den erhofften Erfolg.

Was Sie wissen müssen, um den besten Rottweiler-Welpen zu finden

Den besten Rottweiler finden Sie nicht durch Zufall und auch nicht ohne das nötige Hintergrundwissen darüber, worauf bei der Auswahl ganz besonders geachtet werden sollte. Die Erfahrung, einen Hund mit genetisch bedingten Gesundheitsproblemen oder Verhaltensstörungen erworben zu haben, macht meistens der, der seinen Welpen impulsiv und rein nach dessen äußerem Erscheinungsbild ausgewählt hat, ohne dabei zu beachten, auf was es wirklich ankommt.

... und denken Sie dran

Lassen Sie sich niemals von anderen zum Kauf eines bestimmten Welpen überreden, wenn Sie nicht selbst der Meinung sind, daß dieser auch Ihrer persönlichen Wahl entspricht. Geschmäcker sind nun einmal verschieden, und von der Richtigkeit Ihrer Wahl muß niemand außer Ihnen selbst überzeugt sein.

Die nächsten Seiten dieses Buches sollen Ihnen, dem interessierten zukünftigen Rottweiler-Halter, eine praktische Hilfe bei der richtigen Auswahl Ihres neuen Gefährten sein.

Die Anbieter von Rottweiler-Welpen lassen sich in verschiedene Kategorien unterteilen – professionelle Züchter, private Züchter, der kommerzielle Tierhandel und gelegentlich auch Tierheime. Die meisten dieser Erwerbsquellen für Hunde behaupten natürlich von sich, nur einwandfreie und gesunde Tiere zum Verkauf anzubieten, die aus guten Zuchtlinien stammen.

Die einzige Ausnahme bildet hierbei das Tierheim, denn in diesem Fall können Sie nur selten mit detaillierten Angaben über Herkunft des Tieres, dessen Abstammungsgeschichte und seiner gesundheitlichen Vorgeschichte rechnen. In den meisten Fällen handelt es sich hierbei um Hunde, die von ihren Vorbesitzern ausgesetzt wurden, aus allen möglichen Gründen nicht mehr gehalten werden konnten oder eben um ungewollten Nachwuchs, mit dem man sich nicht weiter belasten wollte. Wer sich für einen dieser Hunde entscheidet, sollte sich unbedingt darüber im Klaren sein, daß er ohne die oben genannten Angaben einen rein emotionellen Kauf tätigt und daß er sich dadurch unter Umständen Probleme auflädt. Damit soll nicht gesagt sein, daß es sich bei Hunden aus dem Tierheim generell um kranke, verhaltensgestörte oder anderweitig ruinierte Tiere handelt, jedoch ist ein solcher Kauf unbedingt gut zu überdenken und die damit verbundenen Risiken abzuwägen, denn dem Hund ist in keinster Weise damit geholfen, daß sein neuer Halter ihn nur wenige Wochen nach dem Kauf aus vorgenannten Gründen wieder zurückbringt. Hunde sind Lebewesen mit Gefühlen und Bedürfnissen, die Sie nicht wie ein unbrauchbares oder ungewolltes

Bei der Auswahl eines Welpen sollten Sie sicher sein, daß die Eltern frei von jeglichen genetischen Fehlern sind.

Geschenk gegen ein besseres (?) umtauschen können.

Für alle anderen Erwerbsquellen gilt, daß dem Käufer in jedem Fall neben den Zuchtpapieren auch ein Stammbaum und ein schriftlicher, von einem Tierarzt ausgestellter „Gesundheitspaß" ausgehändigt werden sollten, der bestätigt, daß der Welpe wie auch dessen Zuchtlinie frei von genetisch bedingten Krankheiten wie Ellbogen- und Hüftgelenksdysplasie sind. Sind solche Unterlagen nicht verfügbar, sollten Sie darauf bestehen, das Tier erst von einem Tierarzt untersuchen lassen zu dürfen, bevor Sie sich endgültig zum Kauf entscheiden.

Zuchthunde sollten unbedingt auf genetisch bedingte Krankheiten hin untersucht werden. Bei diesem Rottweiler werden gerade Röntgenaufnahmen der Hüftgelenke angefertigt.

Dagegen sind kleine äußerliche Mängel bestimmt kein Beinbruch, denn obwohl stets sagt wird, daß das Auge mitentscheidet, so liegt Schönheit doch im persönlichen Geschmack des Käufers, und der muß nicht immer den ach so gepriesenen Zuchtstandards entsprechen. Eine Abweichung im Aussehen, der Größe oder Fellfarbe mag den Hund vielleicht von Zuchtausstellungen ausschließen, macht ihn jedoch deshalb nicht zu einem schlechteren Familienhund. Viele der Hunde in Privathand werden darüberhinaus früher oder später sterilisiert und somit nicht zur Zucht verwendet, weshalb Sie sich bei der Auswahl eines Haushundes an wichtigeren Punkten als einem standardgemäßen Erscheinungsbild orientieren sollten.

Was braucht ein Rottweiler?

Bevor Sie sich zum Kauf eines Rottweilers aus guter Quelle entscheiden, sollten Sie sich bereits einige Gedanken darüber gemacht haben, was Ihr neuer Hausgenosse alles benötigt, um sich richtig wohl zu fühlen. Weil der Rottweiler ein großer Hund ist, stellt er entsprechende Platzansprüche. Deshalb braucht er regelmäßigen Auslauf mit Ihnen im Freien und auch eine gewisse Bewegungsfreiheit in der Wohnung, also einen Teil eines Raumes, in dem er ausgelassen spielen kann. Außerdem wird ein festgelegter Schlafplatz

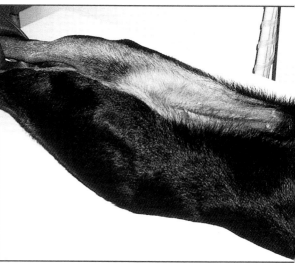

benötigt, wo sich der Hund sicher fühlt und den er jederzeit aufsuchen kann. Hier wird auch das Hundebett plaziert, das zum Einen der Größe des Hundes angepaßt sein muß und zum Anderen eine herausnehmbare, waschbare Unterlage haben sollte. Der Fachhandel bietet in dieser Hinsicht eine reichhaltige Auswahl an verschiedensten Formen und Materialien.

Neben dem Schlafplatz sollte dem Tier auch ein permanenter Freßplatz eingerichtet werden, beispielsweise in der Küche. Hier haben Freß- und Wassernapf ihren festen Standort; beide sollten aus einem leicht zu reinigenden Material bestehen und rutschfest sein. Der Wassernapf muß dem Hund unbedingt jederzeit zugänglich sein, während der Futternapf nach dem Fressen weggenommen wird. Es empfiehlt sich, für den Rottweiler große Näpfe auszuwählen, damit er nicht zu viel Futter und Wasser auf dem Boden verteilt.

Natürlich gehören auch ein Halsband und eine Leine zur Grundausstattung Ihres Rottweilers. Beide sollten ebenfalls der Größe des Hundes entsprechen und aus Leder oder einem reißfesten Textilmaterial sein. Es empfiehlt sich die Anschaffung eines Lederhalsbandes und einer Halskette mit garantierter Reißfestigkeit. Ersteres kann der Hund auch in der Wohnung und beim Spielen umbehalten und eignet sich besonders gut für das Schutzhundtraining. Die Halskette bietet Ihnen hingegen eine bessere Kontrolle bei der Leinenführung und ist für das Gehorsamkeitstraining um ein Vielfaches besser als ein Lederhalsband geeignet. Beide Halsbänder dürfen keinesfalls zu eng sein, sollten jedoch auch nicht so weit sein, daß der Hund sie sich mit den Pfoten abstreifen kann. Das Kettenhalsband wird entfernt, sobald der Spaziergang oder das Training beendet sind, denn es birgt die Gefahr, daß der Hund beim Spielen im Freien oder in der Wohnung damit an Gegenständen hängenbleibt und sich stranguliert.

Nicht zuletzt braucht der Rottweiler etwas, womit er sich beschäftigen kann – Spiel-

zeug. Wenn sie verhindern wollen, daß sich Ihr Hund an Möbeln, Teppichen, Kleidungsstücken oder den Spielsachen Ihrer Kinder vergreift, dann sollten Sie ihm sein eigenes Spielzeug zur Verfügung stellen. Auch hier bietet der Fachhandel eine große Auswahl, die den Kunden vor die Qual der Wahl stellt. Die wichtigsten Punkte bei der Auswahl von Spielzeug sind jedoch die, daß es groß genug sein muß, um nicht ver-

... und denken Sie dran

Ein Leder- oder Textilhalsband hat die richtige Größe, wenn Sie ihre Finger bequem unter das Halsband schieben können, dabei jedoch nicht in der Lage sind, es im geschlossenen Zustand über den Hinterkopf und die Ohren des Hundes zu ziehen. Eine Halskette (Zugkette) ist groß genug, wenn die vier Finger einer Hand hochkant zwischen Kette und Hals des Hundes passen.

schluckt werden zu können, andererseits aber auch nicht zu groß oder schwer sein darf. Das Spielzeug sollte unbedingt aus einem für die Gesundheit unbedenklichen Material hergestellt sein, das nicht zerbrechen kann und keine spitzen oder scharfen Kanten hat oder das Wohlergehen des Hundes in anderer Weise gefährdet.

Das Wichtigste ist jedoch in jedem Fall, daß Sie Ihrem Rottweiler die Zeit und Aufmerksamkeit widmen können, die er verlangt. Regelmäßige Spaziergänge und anderweitige Bewegung im Freien sind ausgesprochen wichtig. Es reicht nicht aus, Ihren Rottweiler nur hin und wieder an die nächste Straßenecke zu führen, wo er sein „Geschäft" erledigen kann. Ein so großer und aktiver Hund wie der Rottweiler benötigt zu seiner Gesunderhaltung täglich ausreichende Bewegungsmöglichkeiten.

Medizinische Untersuchung

Ob Sie sich nun an einen Züchter oder an ein Tierheim wenden, die Zielsetzung sollte stets dieselbe sein. Sie möchten einen Rottweiler finden, der gut in die Familie paßt und der auf medizinische und verhaltensbedingte Probleme untersucht werden kann, bevor Sie sich endgültig für ihn entscheiden. Wenn der betreffende Verkäufer solche Untersuchungsergeb-

nisse nicht vorweisen kann, sollten Sie sich in jedem Fall eine Gesundheitsgarantie in schriftlicher Form aushändigen lassen, die auch gleichzeitig ein der Rasse entsprechendes Temperament und Verhalten bestätigt. Im Normalfall wird ein seriöser Züchter ein solches Schriftstück mit den dazugehörigen Zuchtpapieren aushändigen, ohne daß der Käufer erst dreimal darum bitten muß. Aber auch jeder Andere, der Welpen zum Verkauf anbietet, sollte gewöhnlich nichts dagegen haben,

Klare und gesunde Augen erfordern mehr als ein Stück Watte. Regelmäßige Augenuntersuchungen sind da um Vieles nützlicher, denn dabei werden eventuelle Probleme bereits erkannt, bevor sie zu ernsthaften Erkrankungen ausarten können.

wenn Sie das Tier erst einem Tierarzt vorführen möchten, bevor Sie sich letztendlich zum Kauf entschließen. Werden Ihnen die Papiere oder die Möglichkeit zu einem Gesundheitstest verweigert, sollten Sie sich besser nicht nur mit einer „Umtauschgarantie" zufriedengeben, sondern vielleicht doch gleich nach einer anderen Quelle Ausschau halten.

In jedem Fall sollten Sie, auch wenn Sie alle nötigen Unterlagen erhalten und sich bereits zum Kauf entschieden haben, nicht auf einen baldigen Besuch beim Tierarzt verzichten – dadurch ersparen Sie sich unter Umständen eine spätere Enttäuschung, und die mit einer Rückgabe des Tieres verbundenen Querelen. Findet ein solcher „Umtausch" nicht innerhalb von ein oder zwei Wochen nach dem Kauf statt, wird wohl auch ein guter Züchter nicht widerstandslos darauf eingehen.

Der Begriff „Reinrassig" wird oft einfach dahingehend interpretiert, daß keine andere Rasse in die Zuchtlinie eingekreuzt wurde. Er zeichnet sich jedoch vielmehr dadurch aus, daß keine oder zumindest keine eng miteinander verwandten Tiere derselben Rasse verpaart wurden, wie z. B. der Vater mit der Tochter oder die Mutter mit dem Sohn sowie Geschwister untereinander. Ein zuverlässiger Züchter händigt dem Käufer normalerweise mit den Zuchtpapieren einen Stammbaum aus. Diese Ahnentafel gibt dem Käufer Auskunft über die Abstammung seines Hundes und reicht gewöhnlich vier Generationen zurück. Des weiteren sind dem Stammbaum das Wurfdatum, die Zuchtbuchnummer, das Geschlecht, die Daten der Elterntiere, Großeltern und so weiter zu entnehmen. Bei Hunden, aus den Zuchtverbänden angeschlossenen Zuchten, die die Anerkennung

bei jüngeren Hunden durchgeführt werden kann. Leider ist das bisher nur in bestimmten, speziell dafür ausgestatteten Instituten möglich und derzeit noch so kostspielig, daß sich nur wenige Züchter eine solche Untersuchung leisten können. Beide Erkrankungen, Ellbogen- und Hüftgelenksdysplasie, sind beim Rottweiler häufiger vertreten. Außerdem neigt die Rasse zur Entwicklung von Osteochondrose der Ellbogen- und Kniegelenke. Deshalb ist es das Bestreben verantwortungsbewußter Züchter, durch vorsorgliche Untersuchungen und Tests sicherzustellen, daß es nicht durch das Züchten mit diesbezüglich vorbelasteten Hunden zu einem Anstieg von Deformationen kommt. Laut Satzung des „Allgemeinen Deutschen Rottweiler Klubs" ist Züchten

Gerade für Welpen mit ihrem Bedürfnis alles anzuknabbern, ist es wichtig, daß sie das richtige Kauspielzeug bekommen.

der FCI besitzen, findet sich auch die Abkürzung FCI und die des Landesverbandes (für Deutschland VDH). Wer daran interessiert ist, seinen Hund auf Ausstellungen vorzuführen, muß unbedingt darauf achten, daß diese Abkürzungen, oder zumindest eine davon, aus der Ahnentafel ersichtlich sind, denn nur dann wird der Hund zu Ausstellungen zugelassen.

Der Eintrag HD0 und/oder ED0 besagt, daß die Zuchtlinie frei von Hüft- und/oder Ellbogengelenksdysplasie ist. Eine entsprechende Röntgenuntersuchung, die der Züchter bei neuen Zuchttieren durchführen läßt, ist allerdings nur bei bereits ausgewachsenen Hunden sinnvoll, und die entsprechende Eintragung kann erst bei Tieren ab einem Alter von zwei Jahren vorgenommen werden. Heute gibt es bereits eine noch zuverlässigere Untersuchungsmethode in Form eines DNA-Tests, der auch

... und denken Sie dran

Die meisten Welpen werden in einem Alter zwischen 6 und 8 Wochen zum Verkauf freigegeben. Achten Sie unbedingt darauf, daß Sie einen Impfpaß ausgehändigt bekommen, in dem die dem Alter des Hundes entsprechenden, bereits verabreichten Impfungen eingetragen sind. So erhalten Sie einen Überblick, welche Impfungen der Welpe noch und wann erhalten muß.

mit derart belasteten Hunden deshalb verboten. Eine mündliche Versicherung des Züchters, daß keine Fälle dieser orthopädischen Probleme innerhalb seines Zuchtstammes bekannt sind, ist nicht akzeptabel und trifft eigentlich nur eine eindeutige Aussage – nämlich die, daß er diese Frage nicht mit Gewißheit beantworten kann, der Käufer somit auf eine Garantie verzichten muß und besser beraten ist, sich an einen anderen Züchter zu wenden. Bei Junghunden, die älter als ein Jahr sind,

kann eine umfassende Blutuntersuchung zur Feststellung des allgemeinen Gesundheitszustandes durchgeführt werden. Gleichzeitig ist zu einem Urin- und Kottest zu raten. Bei Anzeichen für Haarausfall sollte auch auf Räude untersucht werden. Der Tierarzt sollte außerdem eine gründliche Augenuntersuchung durchführen. Die Augenerkrankungen, die bei Rottweilern auftreten können, sind: Grauer Star, chronischer Nickhautvorfall, Hornhautgeschwüre und Netzhautatrophie. Probleme gibt es auch manch-

Verhaltenstests helfen dabei, die Fähigkeit eines Welpen zur Sozialisierung festzustellen. Ein einsam aufwachsender Welpe wird nie den Umgang mit anderen Tieren und Menschen lernen und stets nur sich selbst als Spielkameraden kennen.
Foto: bede-Verlag

mal mit Entropium/Ectropium. Es ist ratsam, sich für einen Welpen zu entscheiden, dessen beide Elternteile auf vererbbare Augenkrankheiten hin untersucht und als „sauber" erklärt wurden. Auch hierbei sollten Sie sich besser auf eine schriftliche Diagnose als auf eine mündliche Aussage verlassen.

Verhaltenstest

Medizinische Untersuchungen sind wichtig, jedoch sollten Sie darüber keinesfalls das Temperament eines Hundes vergessen. Es werden jährlich mehr Hunde aufgrund von Verhaltensstörungen eingeschläfert als infolge anderer, physischer Gesundheitsprobleme. Verhaltenstests sind daher ein wichtiger, wenn auch nicht unfehlbarer Bestandteil der Grunduntersuchung. Die Begründung dafür liegt in der Tatsache verborgen, daß viele Hunde letztendlich getötet werden müssen, weil sie plötzlich ein unberechenbares Verhalten zeigen. Obwohl nicht alle Verhaltensanlagen bereits beim Welpen erkennbar sein müssen – eine Neigung zur Aggressivität braucht beispielsweise oftmals viele Monate, um sich zu entwickeln – können nervöse oder ängstliche Welpen meistens schon sehr früh erkannt und somit gemieden werden. Die korrekte Identifizierung solcherlei Anzeichen ist deshalb bei der Auswahl des Tieres von großer Wichtigkeit.

Die am deutlichsten erkennbaren Anzeichen für Verhaltensstörungen bei Welpen sind Angst, leichte Erregbarkeit, eine niedrige Schmerzschwelle, extreme Unterwürfigkeit und eine erhöhte Geräuschempfindlichkeit. Die Bewertung des Temperaments eines Welpen kann bereits im Alter von sieben bis acht Wochen relativ zuverlässig erfolgen. Einige Verhaltensforscher, Züchter und Hundetrainer raten zu einer objektiven Verhaltenstestreihe, bei der das Tier in verschiedenen Kategorien bewertet wird. Andere stehen diesen Tests eher gleichgültig gegenüber, da auch sie eigentlich nur grobe Anhaltspunkte liefern.

Generell wird ein solcher Test in drei Phasen und von einer Person durchgeführt, die dem Welpen unbekannt ist. Die Untersuchung darf jedoch nicht innerhalb von 72 Stunden nach einer Impfung oder einer Operation stattfinden. Zuerst wird der Welpe in der Gruppe beobachtet und gehandhabt, um so sein Sozialverhalten zu testen. Werden dabei offensichtliche Anzeichen für ein gestörtes Sozialverhalten entdeckt – Schüchternheit, Hyperaktivität oder unkontrolliertes Beißen – ist das Tier wahrscheinlich ungeeignet. Anschließend wird der Welpe von seinen Eltern und Geschwistern getrennt und beobachtet, wie er reagiert, wenn mit ihm gespielt und er beim Namen gerufen wird. In der dritten Testkategorie wird er dann auf verschiedene Arten stimuliert, und es werden seine Reaktionen verfolgt. Dazu gehören Übungen, wie den Welpen auf die Seite zu legen, das Fell zu bürsten und die Krallen zu betasten, ein vorsichtiger Griff um die Schnauze sowie die Reaktionen auf unbekannte Geräusche.

Bei einer Studie, die in der psychologischen Abteilung der Staatlichen Universität von Colorado durchgeführt wurde, stellte sich heraus, daß in dieser dritten Testphase auch der Herzschlag einen guten Anhaltspunkt bietet. Dazu wird zunächst die Anzahl der Herzschläge im Ruhezustand ermittelt, dann werden die Tiere anschließend durch ein lautes Geräusch stimuliert und die Zeit gemessen, wie lange das Herz bis zum Wiedererreichen der normalen Schlagfolge in Ruhestellung benö-

... und denken Sie dran

Bevor Sie sich zum Kauf eines bestimmten Welpen entschließen, bitten Sie den Züchter darum, etwas Zeit mit dem Hund verbringen zu dürfen. Nehmen Sie ihn hoch, spielen Sie mit ihm und beobachten Sie dabei aufmerksam sein Verhalten und seine Reaktionen. Sind Sie mit dem Ergebnis nicht zufrieden, schauen Sie sich besser nach einer Alternative um.

tigt. Die meisten Welpen erholten sich innerhalb von 36 Sekunden von ihrem Schreck. Solche, die erheblich länger brauchten, um sich wieder zu beruhigen, wurden als zur Ängstlichkeit neigend eingestuft.

Die Beurteilung solcher Testreihen findet in numerischer Form statt, wobei meistens elf verschiedene Übungen bewertet werden. Die „1" wird für besonders hervorzuhebende, positive Reaktionen und Verhaltensweisen vergeben, wohingegen das Bekunden von Desinteresse, Kontaktarmut und Passivität mit der schlechtesten Benotung, der „6", bedacht werden. Zu den zu testenden Verhaltensweisen gehören das Sozialverhalten gegenüber Menschen, Folgsamkeit, Zurückhaltung, soziale Dominanz, ob und wie sich das Tier durch den Prüfer vom Boden hochnehmen läßt, das Hergeben von Spielzeug, Berührungsempfindlichkeit, Geräuschempfindlichkeit, Jagdinstinkt sowie der allgemeine Energiegrad. Obwohl diese Tests keinen zuverlässigen Aufschluß über das tatsächliche Temperament des Welpen geben, liefern sie dennoch wichtige und damit brauchbare Anhaltspunkte zu bestimmten Verhaltensanlagen. Sie ermöglichen auch das Erkennen von Tieren, die zu extremen Verhaltensweisen neigen.

Organisationen, die Sie kennen sollten

Die Rasse des Rottweilers genießt heute internationale Anerkennung durch folgende Institutionen: FCI (Fédération Cynologique Internationale), AKC (American Kennel Club), UKC (United Kennel Club), TKC (The Kennel Club of Great Britain), CKC (Canadian Kennel Club) und VDH (Verband für das Deutsche Hundewesen e.V.). Die letztgenannte Institution ist der nationale Hundezuchtverband Deutschlands, dem mehr als 140 Rassezuchtvereine angeschlossen sind und der in Dortmund ansässig ist. Er ist außerdem das mitgliederstärkste Mitglied der FCI und innerhalb Deutschlands verantwortlich für die Führung von Zuchtbüchern, die Organisation von Ausstellungen, Leistungsprüfungen und die Präsentation aller Hunderassen. Allein in Deutschland sind 59 Rassen aus den Zuchten hervorgegangen, und auch in der Gebrauchshundklasse sind deutsche Rassen weltweit führend.

Bei der FCI handelt es sich um die Dachorganisation in der Hundezucht, die eine Vielzahl von Ländern repräsentiert. Dabei handelt es sich im Besonderen um die Staaten Europas, die gemeingültige Regeln für die Anerkennung der Rassen und die Zucht erlassen haben. Aufgrund der Anerkennung der einzelnen Rassen innerhalb der Mitgliedsländer der FCI umfaßt das dort geführte Register etwa 400 verschiedene Rassen. Jede dieser Rassen konkurriert in diversen internationalen Championaten.

Verband für das Deutsche Hundewesen e.V. (VDH)
Westfalendamm 174
44141 Dortmund 1
Tel: 0231-565000

ADRK
Allgemeiner Deutscher Rottweiler Klub
Südring 18
32429 Minden

Fédération Cynologique Internationale (FCI)
13 Place Albert I
B - 6530 Thuin/Belgien

Österreichischer Kynologenverband
Johann-Teufel-Gasse 8
A-1238 Wien

Schweizerische Kynologische Gesellschaft
Lenggassstrasse 8
CH-3001 Bern

Deutscher Tierschutzbund
Baumschulallee 15
53115 Bonn

Foto: R. Klaar

Was eine lebenslange gesunde Ernährung des Rottweilers ausmacht

Bei der Aufzucht eines gesunden Rottweilers ist die Ernährung natürlich einer der wichtigsten Punkte. Es handelt sich hierbei jedoch auch um ein vielfach umstrittenes Thema zwischen Züchtern, Tierärzten, Hundehaltern und Hundefutterherstellern. Allerdings haben viele der dabei gebrauchten Argumente einen eher kommerziellen als wissenschaftlichen Hintergrund.

Werfen wir zuerst einen Blick auf die Auswahl an Hundefutterarten und untersuchen dann die Bedürfnisse unserer Hunde. Dieses Kapitel befaßt sich wiederum mehr mit dem Rottweiler als „Haushund" und weniger mit dem Ausstellungs- oder Zuchthund.

Kommerzielles Hundefutter

Für den Hersteller von handelsüblichen Futterarten sind zwei Grundfaktoren ausschlaggebend – wie gewinnt man den Verbraucher für das Produkt und erfüllt gleichzeitig die spezifischen Ansprüche der Hunde. Einige Produkte werden wegen ihres hohen Proteingehalts hervorgehoben, andere beinhalten „spezielle Zutaten" und wieder andere verkaufen sich, weil sie bestimmte Stoffe nicht enthalten, wie beispielsweise Konservierungsstoffe oder Sojamehl.

Der Verbraucher, also in unserem Fall der Hundehalter, wünscht sich ein Futter, das die speziellen Bedürfnisse seines Hundes deckt, preiswert ist und keine, oder zumindest möglichst wenige unerwünschte Folgeerscheinungen verursacht. Die meisten kommerziellen Arten werden als Trocken-, halbfeuchtes oder in Büchsen abgefülltes Futter angeboten.

Das Trockenfutter in Form von Pellets oder Flocken ist das ökonomischste, weist den niedrigsten Fettgehalt auf und ist am längsten haltbar. Büchsenfutter ist vergleichsweise teuer, enthält gewöhnlich neben mindestens 75% Wasser auch den höchsten Fettanteil und besitzt darüberhinaus, geöffnet, die kürzeste Haltbarkeitsdauer. Halbfeuchte Futterarten sind ebenfalls teuer und aufgrund ihres hohen Zuckergehaltes nicht generell für Hunde zu empfehlen.

Beim Kauf von kommerziellen Futtersorten sollte unbedingt darauf geachtet werden, daß nicht nur die Zusammenstellung der enthaltenen Nährstoffe ausgewogen ist, sondern auch darauf, daß diese Zusam-

Um seine gute Kondition und sein ideales Gewicht zu erhalten, benötigt der erwachsene Rottweiler eine ausgewogene Ernährung. Im Fachhandel gibt es kleine und große Freßnäpfe, die für den Rottweiler sicher besser geeignet sind als dieser Eimer.

menstellung dem Alter und damit den individuellen Bedürfnissen des Hundes entspricht. Alte Hunde benötigen eine andere Nährstoffzusammensetzung als erwachsene, Junghunde oder Welpen. Außerdem sollte dem Aufdruck der Verpackung neben den Hinweisen, für welche Altersstufen das Futter geeignet ist und einer Aufstellung der Inhaltsstoffe nebst deren Nährwerten, auch eine Anleitung zu den Portionierungen zu entnehmen sein – Gewicht des Hundes = Gramm Futter pro Tag.

Die wichtigsten Grundregeln für eine gesunde Ernährung sind neben der Auswahl des richtigen Futters und dem Verabreichen geeigneter Portionen: kein zu kaltes oder zu heißes Futter, Futterreste sofort aus dem Napf entfernen, sobald der Hund zu fressen aufhört, kein rohes Fleisch verfüttern, ständig frisches Wasser zur Verfügung stellen und Ruhe nach den Mahlzeiten.

Ernährung von Welpen

Kurz nach ihrer Geburt, zumindest jedoch innerhalb von 24 Stunden danach, sollte die Hündin mit dem Säugen ihrer Welpen beginnen. Die Erstmilch (Kolostralmilch) ist stark mit Antikörpern angereichert und bewahrt die Welpen so innerhalb ihrer ersten Lebensmonate vor Infektionskrankheiten. Welpen sollten mindestens sechs Wochen lang gesäugt werden, bevor die Entwöhnung abgeschlossen wird. Mit den ersten Beifütterungen kann bereits im Alter von drei Wochen begonnen werden. Spätestens ab einem Alter von zwei Monaten sollten die Welpen mit speziellem Welpenfutter ernährt werden. Sie befinden sich nun in einer wichtigen Wachstumsphase, weshalb sich ein in die-

ser Zeit entstehender Nährstoffmangel und/oder eine Unausgewogenheit stärker niederschlägt und größeren Schaden anrichtet als in jedem anderen Alter. Das heißt mit anderen Worten, ein Überfüttern ist genauso zu vermeiden wie Verabreichungen von speziellen Leistungsfutterarten. Das Überfüttern eines Rottweilers resultiert in Übergewicht, das wiederum ernsthafte Schäden am Knochengerüst wie Osteochondrose und Hüftgelenksdysplasie begünstigen kann.

Das spezielle Welpenfutter sollte bis zu einem Alter von sechs Monaten beibehalten werden. Danach sollte bis zu ca. zwölf Monaten ein spezielles Futter für Junghunde gegeben werden. Die meisten Rottweiler werden erst mit einem Alter von 18 Monaten erwachsen und profitieren deshalb von einer längeren Ernährung mit diesem speziell auf das Wachstum abgestimmten Futter. Bis zu dieser Altersgrenze ist auch zu einer dreimaligen Fütterung pro Tag zu raten. Ab dem achtzehnten Lebensmonat können die Fütterungen dann auf zwei- oder auch einmal täglich umgestellt werden, wobei zwei Mahlzeiten pro Tag der Vorzug zu geben ist. Zu diesem Zeitpunkt findet auch die Umstellung auf eine Futtersorte für erwachsene Hunde statt. Im Zweifelsfall ist es jedoch das Beste, Ihren Tierarzt nach der richtigen Futterzusammensetzung und -menge zu befragen. Sie sollten stets daran denken, daß Welpen und Junghunde eine ausgewogene Ernährung brauchen. Sie dürfen sich deshalb aber nicht dazu verleiten lassen, dem Futter willkürlich Protein-, Vitamin- oder Mineralstoffe beizumischen. Calciumbeigaben haben in zu hohen und zu häufigen Dosierungen, besonders bei größeren Hunderassen, bereits in vielen Fällen zu Knochen- und Knorpeldeformationen geführt. Die kommerziellen Welpenfutter sind generell mit größeren Calciummengen angereichert, weshalb ein zusätzliches Dazufüttern meistens in einer Überdosierung ausartet. Es ist heute mehr als bewiesen, daß ein solches Zuviel des Guten zu schweren Schädigungen beim heranwachsenden Hund führt.

ausgedrückt – der Hund hat die Wachstumsphase hinter sich und ist hoffentlich zu einem gesunden und gut gebauten Tier herangewachsen. Das heißt jedoch nicht, daß er nun mit minderwertigem Futter oder „Küchenabfällen" ernährt werden kann, ohne auf Dauer dabei Schaden zunehmen. Das Futter muß nach wie vor ausgewogen sein, kann jedoch weniger der speziellen Inhaltsstoffe für ein gesundes Wachstum enthalten. Für einen Ar-

Der ständige Zugriff zu frischem sauberem Wasser ist für die Gesundheit von Rottweilern ausgesprochen wichtig, denn sie dehydrieren sehr schnell.

Futter für den erwachsenen Hund

Das Ernährungsziel bei erwachsenen Hunden ist „zu erhalten". Mit anderen Worten

beitshund wie den Rottweiler empfiehlt sich eine Futtersorte für Leistungshunde. Der Organismus eines erwachsenen Hundes stellt andere Ansprüche als der eines Welpen, was bei der Zusammenstellung

Ihr Rottweiler braucht eine abwechslungsreiche Ernährung. Diese sollte auch auf sein Alter abgestimmt sein. Es gibt verschiedene Arten von Hundefutter. Trocken-, Dosen-, und halbfeuchtes Futter.
Foto: Detlef Handschack

von kommerziellen Futterarten vom Hersteller berücksichtigt wird. Wir wollen, daß der gesunde Hund auch gesund bleibt und versorgen ihn deshalb mit einem seinen Bedürfnissen angepaßten Futter und seinem Gewicht sowie Aktivitätsgrad entsprechenden Portionen, damit es weder zu einem zu Gewichtsabbau noch zu Übergewicht kommt.

Die Tatsache, daß der erwachsene Hund nicht mehr wächst, hat nicht zu bedeuten, daß er deshalb bei einer falschen oder unausgewogenen Ernährung keinen Schaden nimmt. In diesem Fall ist es jedoch so, daß die dadurch auch bei ihm entstehenden Probleme länger im Verborgenen blei-

ben und, werden sie letztendlich doch bemerkt, nur noch sehr schwer oder überhaupt nicht mehr zu beheben sind. Also, auch bei einem erwachsenen Hund muß auf die Qualität des Futters geachtet werden, um das, was Sie im Welpenalter mit Liebe und Bedacht aufgebaut und erreicht haben, auch jetzt zu erhalten.

Neben den Futtersorten, die eine überwiegende Zusammensetzung aus pflanzlichen und tierischen Stoffen aufweisen, ist gegen eine Ernährung mit Futterarten auf Getreidebasis, nichts einzuwenden. Einer der häufigsten Bestandteile solcher Futtersorten ist Soja. Allerdings wird Soja von vielen Hunden und besonders von

Ernährungsplan für den gesunden Rottweiler

Junger Rottweiler bis 12 Monate
Erhöhter Bedarf an Rohproteinen, Rohfetten und Calcium/Phosphor; verminderter Bedarf an Kohlehydraten

Aktiver erwachsener Rottweiler
Erhöhter Bedarf an Rohproteinen, Rohfetten und Rohfasern; verminderter Bedarf an Kohlehydraten

Übergewichtiger Rottweiler
Erhöhter Bedarf an Kohlehydraten und Rohfasern; verminderter Bedarf an Rohfetten und Rohproteinen

Alter Rottweiler
Erhöhter Bedarf an Kohlehydraten und Rohfasern; verminderter Bedarf an Rohfetten, Rohproteinen und Phosphor/Natrium

Allergischer Rottweiler
Hypoallergene Diät aus Lamm und Reis; kein Soja- und Rindereiweiß, keine Weizenstärke

Rottweilern nicht vollständig verdaut. Daraus resultieren zwar keine gesundheitlichen Schäden, jedoch wird oftmals behauptet, daß Rottweiler bei einer solchen Ernährungsweise häufiger zu Blähungen neigen würden, was allerdings in keinster Weise konkret erwiesen ist.

Ansprüche im Alter

Im Alter von etwa sieben Jahren wird der Rottweiler als älterer Hund bezeichnet. Diese Phase bringt nicht nur ein etwas gezügelteres Temperament, sondern auch einige andere Veränderungen mit sich, durch die sich auch die Ernährungsansprüche des Hundes umstellen. Wenn Hunde in die Jahre kommen, verändert sich genau wie beim Menschen der Stoffwechsel, das heißt, er wird langsamer, und diesem Umstand muß Rechnung getragen werden.

Wenn einem älteren Hund die gleichen Portionen wie einem jüngeren verabreicht werden, resultiert das durch den verlangsamten Stoffwechsel in einer Gewichtszunahme. Übergewicht ist aber das Letzte, was Sie speziell bei einem älteren Hund wollen, denn dadurch erhöht sich das Risiko für etliche andere Gesundheitsprobleme. Mit zunehmendem Alter verlangsamen sich auch die Funktionen der Organe – das Verdauungssystem, die Leber, Bauchspeicheldrüse und Gallenblase arbeiten nicht mehr wie bei einem jungen Hund. Das Verdauungssystem hat nun schon Probleme damit, all die Nährstoffe aus dem Futter zu extrahieren, und eine langsam voranschreitende Beeinträchtigung der Nierenfunktion ist ebenfalls eine völlig normale Alterserscheinung.

Der Halter eines älteren oder alten Hundes muß in erster Linie verstehen lernen, daß ein bestimmter Grad von körperlicher Degeneration im Alter ‚etwas Normales ist, dies sollte der erste Schritt zu einer altersgerechten Ernährung sein. Das Ziel liegt darin, den potentiellen Schaden so gering wie möglich zu halten, indem wir das Wissen um die Alterserscheinungen bereits in die Ernährung mit einbeziehen, wenn der Hund noch gesund ist und nicht erst, wenn er bereits an den Folgen einer nicht altersgerechten Ernährung erkrankt ist.

Ältere Hunde müssen individuell behandelt werden. Während einige von den kommerziellen Seniorenhundefutterarten profitieren, bekommt anderen das extrem leichtverdauliche Welpenfutter oder die als Super-Premium bezeichneten Sorten besser. Das letztgenannte Futter beinhaltet eine hervorragende Mischung aus gut verdaulichen Zutaten und Aminosäuren, jedoch weisen einige Sorten leider einen für alte Hunde zu hohen Salz- und Phosphorgehalt auf.

Ein weiterer Punkt bei älteren Hunden ist die stärkere Anfälligkeit für Arthritis, weshalb Übergewicht unbedingt vermieden werden muß, denn es bedeutet für die Gelenke eine unnötige Belastung. Bei Hunden mit Gelenkschmerzen kann eine Anreicherung des Futters mit Fettsäuren wie einer Mischung aus Cis-Linolensäure, Gamma-Linolensäure und Eicosapentenolsäure Wunder wirken.

Andere Ernährungsansprüche

Es ist wichtig zu verstehen, daß eine falsche oder unausgewogene Ernährung die Entwicklung von orthopädischen Problemen wie der Hüftgelenksdysplasie und Osteochondrose begünstigen kann. Bei der Ernährung eines derart gefährdeten Welpen sollte deshalb auf stark kalorienhaltiges Futter verzichtet und besser wenigstens dreimal täglich mit kleinen Portionen gefüttert werden. Dadurch können plötzliche Wachstumssprünge verhindert werden, die in einer instabilen Gelenkausbildung resultieren. In jüngster Zeit durchgeführte Untersuchungen haben gezeigt, daß der Elektrolytgehalt im Futter ebenfalls eine Rolle bei der Entwicklung von Hüftgelenksdysplasie spielen könnte. Futtersorten mit einem ausgewogeneren Anteil an positiv und negativ geladenen Elementen wie Natrium, Kalium, Chloriden usw., erwiesen sich für Hunde mit der Veranlagung zu Hüftgelenksdysplasie als geeigneter und weniger krankheitsfördernd. Auf Beifütterungen mit Calcium, Phosphor und Vitamin D sollte ebenfalls unbedingt verzichtet werden, denn diese Stoffe beeinträchtigen eine normale Knochen- und Knorpelentwicklung. Der Calciumhaushalt eines Hundes wird durch Hormone wie Parathormone und Calcitonin sowie Vitamin D reguliert. Zusätzliche zum Futter verabreichte Mengen von Calcium, Phosphor und Vitamin D stören diese natürliche Regulation und können somit für Probleme sorgen. Außerdem können zu hohe Calciumbeigaben die

Bei richtiger Ernährung im Welpenalter wird auch aus Ihrem Welpen ein solch gesunder, stattlicher Rottweiler. Foto: Robert Smith

Absorbtion von Zink aus dem Verdauungssystem negativ beeinflussen. Wer dennoch nicht auf die Vollständigkeit und Ausgewogenheit von kommerziellen Futtersorten vertraut, sollte mit seinem Tierarzt über Beigaben von Eicosapentenolsäure, Gamma-Linolensäure und Vitamin C sprechen.

Bei keiner Futterart kann die Entstehung von Blähungen völlig ausgeschlossen werden, jedoch kann eine veränderte Futterverabreichung einiges dazu tun. Blähungen entstehen bei Hunden, wenn der Magen durch verschluckte Luft geweitet wird. Dieses Luftschlucken ist eine Folge

von hastigem Fressen oder Trinken, Streß und zu viel Bewegung kurz vor den Mahlzeiten. Dem kann durch drei kleinere Mahlzeiten anstatt einer großen pro Tag Abhilfe geschaffen werden.

Außerdem sollten Sie in solchen Fällen Trockenfutter mit etwas Wasser anweichen, um das Herunterschlingen der Nahrung zu erschweren. Darüberhinaus ist es äußerst wirksam, wenn Sie Ihrem Hund eine Stunde vor und nach den Mahlzeiten von Aktivitäten wie Herumrennen und ähnlichem abhalten.

Die vielleicht am häufigsten im Handel angebotenen „Beifutter" sind Fette. Sie werden unter dem Vorwand angepriesen, daß sie zu einem schöneren und glänzenden Fell beitragen und der Hund dadurch natürlich noch gesünder aussieht. Die einzige Fettsäure, die für diese Zweck wirklich wichtig ist, wird als Cis-Linolensäure bezeichnet und ist in Leinsamenöl, Sonnenblumenöl und Safranöl enthalten. Getreideöl ist ebenfalls eine brauchbare, wenngleich weniger effektive Alternative. Die meisten zum Verkauf angebotenen Produkte beinhalten dage-

gen große Mengen gesättigter und einfach ungesättigter Fettsäuren, die zu einem glänzenden Fell und einer gesunden Haut keinen Beitrag leisten. Für Hunde mit Allergien, Arthritis, hohem Blutdruck und einigen bestimmten Herzkrankheiten, wird der Tierarzt wahrscheinlich andere Fettsäuren als Futterbeigaben verordnen.

Gute Fettprodukte enthalten die wichtigen Fettsäuren Gamma-Linolensäure, Eicosapentenolsäure und Docosahexaenolsäure, die alle auf natürliche Weise entzündungshemmend wirken. Dennoch sollten Sie sich nicht von billigen „Fälschungen" täuschen lassen, denn nur wenige und vergleichsweise teure Produkte enthalten diese wertvollen Stoffe – die meisten anderen können nicht halten, was der Hersteller verspricht. Der sicherste Weg ist deshalb der, nur solche Produkte zu kaufen, auf deren Verpackung Sie die Namen der vorher genannten Fettsäuren als verwendete Bestandteile finden.

... und denken Sie dran

Gehen Sie bei der Auswahl des Futters nicht davon aus, daß das teuerste Produkt auch gleichzeitig das beste ist. Die Qualität eines Futters wird nicht durch den Verkaufspreis, sondern stets durch seine Zusammensetzung bestimmt, die auf das Alter des Hundes und dessen Aktivitätsgrad abgestimmt sein sollte.

Allgemeines zur Erziehung eines Rottweilers

Über die Erziehung von Hunden gibt es viele unterschiedliche Meinungen. Wird einmal davon abgesehen, daß generelle Einigkeit darüber herrscht, daß ein Hund prinzipiell stubenrein sein sollte, gehen die Meinungen über weiterreichende Erziehungsmaßnahmen doch recht weit auseinander. Es gibt Menschen, die die Einstellung vertreten, daß ein Hund aufgrund seiner Abstammung so etwas wie ein Wildtier sei und erzieherische Maßnahmen durch den Menschen die natürlichen Instinkte des Tieres unterdrücken würden. Andere wieder meinen, daß das Bemühen einen Hund zu erziehen, keinem anderen Zweck dienen würde, als dem das Tier zu vermenschlichen, weil man zwar mit dem Tier, jedoch nicht mit dessen tierischem Verhalten leben möchte. Dann ist immer wieder zu hören, daß die erzieherischen Maßnahmen vor einem Alter von einem Jahr sinnlos wären, weil der Welpe vorher nicht lernfähig sei. Wir wollen hier nicht diskutieren, wer die richtige und wer die falsche Meinung vertritt, jedoch sollten wir uns doch in einem Punkt einig sein – ein gewisser Grad an Disziplin und Gehorsamkeit gereicht dem Hund bestimmt nicht zum Schaden und macht noch lange keinen Menschen aus ihm und je früher Sie mit der Erziehung beginnen, umso leichter geht das Lernen voran. Schwierig wird es erst dann, wenn sich schlechte und unerwünschte Marotten bereits fest etabliert haben und dem Hund dann wieder aberzogen werden müssen.

Wenn wir von der Grunderziehung des Rottweilers reden, dann ist damit die Stubenreinheit gemeint, daß er brav an der Leine laufen sollte und sich nicht an Dingen vergreift, die nicht für ihn bestimmt sind. Ein ebenfalls wichtiger Punkt ist die Sozialisierung mit anderen Tieren und Menschen. Es wird auch nicht ohne das eine oder andere Kommando abgehen, denn Sie werden gewiß wollen, daß Ihr Hund kommt, wenn Sie ihn rufen oder sich hinlegt oder -setzt, wenn Sie ihn dazu auffordern.

Die Erziehung eines Hundes erfordert in erster Linie Geduld und Verständnis. Ein Hund, besonders ein sehr junger, kann den Sinn des vom Menschen gesprochene Wort unmöglich auf Anhieb verstehen, weiß also erst einmal nichts mit Befehlen wie „Nein", „Sitz", „Aus" oder „Fuß" anzufangen. Es ist also Ihre Aufgabe deutlich zu machen, was diese Worte bedeuten. Ein Hund lernt jedoch sehr schnell, positive Reaktionen von negativen zu unterscheiden, und er reagiert sehr gut auf unterschiedliche Stimmlagen und Lautstärken wie auch auf die Körpersprache des Menschen. Es steht Ihnen also eine ausreichende Menge an Hilfsmitteln bei der Erziehung Ihres Rottweilers zur Verfügung.

Ein Welpe hat natürlich noch kein gut ausgeprägtes Langzeitgedächtnis, weshalb es ungeheuer wichtig ist, daß die einzelnen Lernschritte immer wieder wiederholt werden. Außerdem dürfen die Lektionen nicht zu lange dauern, denn die Konzentrationsspanne eines Welpen ist sehr begrenzt. Die drei wichtigsten Lektionen sind das korrekte „Bei-Fuß-laufen", das „Kommen" auf Ihren Ruf hin und das „Aus".

Stubenreinheit

Die Erziehung zur Stubenreinheit beginnt damit, daß Sie Ihren Welpen eingehend beobachten. Jeder Welpe zeigt deutlich, daß er nach draußen muß, indem er unruhig hin und her läuft, sich ständig im Kreis dreht, aufgeregt hier und dort auf dem Boden herumschnuppert und das Schwänzchen anhebt. Wann immer Sie ein solches Verhalten beobachten, sowie grundsätzlich nach jeder Mahlzeit und wenn der kleine Hund von einem Schläfchen aufwacht, bringen Sie ihn auf dem schnellsten Weg nach draußen, wo er sich dann erleichtern kann. Ist das geschehen, loben Sie ihn ausgiebig. Das sollten Sie auch dann tun, wenn der Hund während Spaziergängen sein Geschäft erledigt.

Kommt es in der Wohnung zu einem „Unfall" und ertappen Sie Ihren Welpen auf frischer Tat, erteilen Sie ihm ein strenges „Nein" und bringen ihn nach draußen. Entdecken Sie das Malheur erst später, ist der Zeitpunkt für einen Tadel bereits verstrichen. Entfernen Sie die „Hinterlassenschaft" kommentarlos und desinfizieren Sie die Stelle, damit der Welpe nicht durch den Geruch zu einer Wiederholung seiner Schandtat verleitet wird. Um sicherzustellen, daß sich Ihr Welpe nachts meldet, grenzen Sie seinen Bewegungsradius um seinen Schlafplatz herum ein. Dazu kann beispielsweise ein Laufgitter sehr nützlich sein. Da der Welpe instinktiv vermeiden will, seinen Schlafplatz zu verschmutzen, wird er sich bemerkbar machen. Kann er sich hingegen frei in der Wohnung bewegen oder ist der Bewegungsradius um seinen Schlafplatz zu groß bemessen, wird er sich entweder einen Platz irgendwo in der Wohnung suchen oder sein Geschäft

Ein Rottweiler-Welpe hat noch viel zu lernen. An erster Stelle steht natürlich die Erziehung zur Stubenreinheit. Es gibt zwei Möglichkeiten des Lernens. Das Lernen durch Wiederholung und durch Erfolg oder Mißerfolg.

zumindest so weit wie möglich von seinem Schlafplatz entfernt verrichten.

Leinenführung

Wenn Sie mit Ihrem Rottweiler Gassi gehen, werden Sie nicht wollen, daß er wie ein Wilder an der Leine zerrt oder Sie ihn stets hinter sich herziehen müssen. Der Rottweiler wächst zu einem großen und schweren Hund heran, und läßt man ihm dies jetzt durchgehen, wird man später zweifellos seine Probleme damit haben. Wie heißt es doch so schön – „was Hänschen nicht lernt, lernt Hans nimmer mehr".

Es ist also nicht nur für Sie eine unbequeme und anstrengende Art des Spazierengehens, sondern auch für den Hund, denn das sich dadurch zuziehende Kettenhalsband verursacht ihm Unbehagen. Paradoxerweise wird er nun umso mehr ziehen oder noch weiter zurückbleiben, in der Hoffnung, das störende enge Gefühl am Hals loswerden zu können. Der Hund muß also lernen, daß er dieses Unbehagen selbst verursacht, denn wenn er brav neben Ihnen herläuft, sind Halsband und Leine locker. Gewöhnlich wird der Hund auf der linken Seite neben Ihnen geführt, Sie halten die Leine in Ihrer rechten Hand, und zwar so, daß Sie in einem leichten Bogen locker durchhängt. Ihre linke Hand dient der Kontrolle des Hundes, wenn er sich wie oben beschrieben verhält, das heißt, wann immer Ihr Rottweiler sich in eine andere Richtung von Ihnen entfernt, greifen Sie mit der linken Hand in die Leine, bringen den Hund mit einem kurzen Ruck an der Halskette zurück in seine korrekte Position und begleiten diese Korrektur mit einem strengen „Nein".

Wichtig ist es, daß Sie stets mit dem Hund sprechen – „Rambo, Fuß!" Der Name des Hundes steht immer an erster Stelle, um so seine Aufmerksamkeit zu erlangen. Dann folgt unmittelbar darauf das entsprechende Kommando. Das „Fuß-Kommando" ist ein kurzes, energisch aber dennoch lockend gesprochenes Kommando, wobei energisch bitte nicht mit laut zu verwechseln ist. Das „Nein" ist ein ebenfalls kurzes, dabei aber besonders strenges Kommando, denn es soll deutlich machen, daß Sie die Handlung Ihres Hundes nicht billigen. Anhand der unterschiedlichen Tonlagen erkennt der Hund sehr deutlich, wann er gelobt und wann er getadelt wird.

Um die Aufmerksamkeit des Hundes zu erhalten, klopfen Sie während des Laufens mit Ihrer linken Hand ständig leicht gegen Ihren linken Oberschenkel. Der Hund nimmt dieses leise Geräusch wahr und richtet seine Aufmerksamkeit auf die Bewegung Ihrer Hand, wodurch er automatisch auf Ihrer Höhe und in Ihrem Tempo mitläuft. Dabei wird der Name des Tieres und das Kommando stets wiederholt und immer wieder kräftig gelobt, so daß sich diese Lektion beim Hund als positive Erfahrung einprägt. Sie können in Ihrer linken Hand einen Leckerbissen, etwa auf Kniehöhe halten, dem Ihr Hund unweigerlich folgen wird, nur birgt das das Risiko, daß Ihr Hund versuchen wird, durch Hochspringen oder Vorlaufen an diesen Leckerbissen heranzukommen. Wenn Ihr Hund gelernt hat, ordentlich an der Leine zu laufen, wird es Zeit, das Ganze etwas schwieriger zu gestalten. Machen Sie Kehrtwendungen mit ihm sowie Wendungen nach links und rechts. Schließlich gehen Sie mit Ihrem Hund ja nicht immer geradeaus.

Kommen auf Ruf

Dieses Kommando ist ausgesprochen wichtig, vor allem in einer Situation, in der Ihr Hund nicht an der Leine ist. Dieser Befehl ist wie ein Lockruf und sollte entsprechend klingen. Auch hier rufen Sie erst den Namen Ihres Hundes und gleich anschließend das Kommando „Komm" oder „Komm her", wobei Sie etwas in die Knie gehen und mit beiden Händen leicht auf Ihre Schenkel klopfen. Kommt der Hund willig auf Sie zu, wird ausgiebig gelobt und vielleicht mit einem Leckerchen belohnt. Diese Übung läßt sich anläßlich jeder Mahlzeit sinnvoll wiederholen.

Es ist von größter Wichtigkeit, daß wenn der Hund das Kommando nicht befolgt, Sie ihm auf keinen Fall hinterherlaufen. Gejagt zu werden, ist für Hunde eines der größten Spielvergnügen, weshalb Ihr Rottweiler immer weiterlaufen wird, um dieses „Spiel" so richtig auszukosten. In einer solchen Situation tun Sie am besten genau das Gegenteil – Sie drehen sich in die entgegengesetzte Richtung und entfernen sich langsam von Ihrem Hund, wobei Sie Ihn wiederholt mit Namen und Kommando zum Folgen verlocken. In der Regel wird auch genau das passieren, denn der Welpe weiß instinktiv, daß er ohne Sie verloren ist und wird sich bei einer zunehmenden Distanz zwischen ihm und Ihnen schnell eines Besseren besinnen.

Befolgt Ihr Hund das Kommando nicht beim ersten Mal, sondern erst nach mehrmaligem Rufen, darf er dafür nicht bestraft werden, denn diese negative Erfahrung wird er in Zukunft nicht mit seiner verspäteten Reaktion, sondern vielmehr mit dem Kommando selbst in Zusammenhang bringen. Das wiederum resultiert dann in einer permanent zögerlichen Reaktion bei späteren Übungen oder sogar darin, daß er Ihrem Ruf gar nicht mehr folgt, aus Angst vor der scheinbar damit verbundenen Strafe.

Das Auslassen

Welpen sind wie Kleinkinder und wollen an allem herumknabbern. Dabei machen sie zwischen freßbaren und nichtfreßbaren Objekten keinen Unterschied, und so werden schnell Dinge verschluckt oder aufgefressen, die im Magen eines Hundes nichts verloren haben. Diese Gefahr be-

steht überall und ist stets gegenwärtig, weshalb das „Aus-Kommando" eines der wichtigsten, wenn nicht sogar DAS wichtigste Kommando überhaupt ist.

Um dem Hund die Bedeutung dieses Befehls zu vermitteln, beginnen Sie am besten damit, ihm beim Spielen sein Spielzeug aus dem Maul zu nehmen. Sie knien sich dafür auf den Boden, greifen eine Ecke des Spielzeugs und geben das Komman-

do – „Rambo, Aus!". Dabei ziehen Sie leicht an dem Objekt und wiederholen das Kommando so lange, bis der Hund ausläßt. Darauf folgt ein dickes Lob, und Sie geben ihm sein Spielzeug zurück. Das Kommando wird energisch gesprochen, so daß der Hund am Tonfall hören kann, daß es sich um eine Forderung und nicht um eine Bitte handelt. Keinesfalls sollten Sie zu stark an dem Objekt ziehen oder sogar reißen, denn auch

Hunde brauchen ihre eigenen Spielsachen. Sonst vergreifen Sie sich womöglich an den Sachen Ihres Kindes, die völlig ungeeignet für Ihren Hund sind.

Diese beiden erwarten nach einem ausgeführten Kommando ein Leckerchen für Ihre Arbeit.
Foto: R. Klaar

das kann der Hund als Spiel auffassen und nun erst recht versuchen, dagegenzuhalten oder sogar nach Ihren Fingern schnappen, um sein „Eigentum" zu verteidigen. In diesem Fall kommt wieder das strenge „Nein" zum Einsatz, darauf erfolgt erneut das Kommando. Verhält sich Ihr Hund überaus störrisch und verweigert permanent das Befolgen dieses Befehls, greifen Sie mit der Hand über seine Schnauze und pressen Daumen und Fingerspitzen gegen die Reißzähne. Nun sollte der Hund umgehend auslassen, folglich wird er gelobt und erhält dann sein Spielzeug zurück.

Hat Ihr Hund erst begriffen, was auf das „Aus"-Kommando hin von ihm erwartet wird, beginnen Sie damit, den Befehl ohne Zuhilfenahme Ihrer Hände zu erteilen. Das kann beim Spielen oder Fressen geschehen oder auch wenn der Hund mit einem Kauknochen beschäftigt ist. Da Sie sich dabei nicht auf den Boden knien, sondern in aufrechter Position verweilen, kann es natürlich passieren, daß der Hund den Befehl verweigert. Erst dann beugen Sie sich herunter und verfahren in der zuvor beschriebenen Weise. Dieser Befehl ist auch im vielleicht später angestrebten Schutzhundtraining von größter Wichtigkeit, und die Tatsache, daß Ihr Hund bereits mit diesem Kommando vertraut ist, stellt dann eine erhebliche Erleichterung dar.

Das Sitz

Dieses Kommando läßt sich am einfachsten zu den Mahlzeiten üben. Stehen Sie mit dem Freßnapf in der Hand aufrecht vor dem Hund und geben das Kommando – „Rambo, Sitz!". Hierbei handelt es sich wieder um ein kurzes und bestimmt gesprochenes Kommando. Ihr Hund wird zu Ihnen und dem ersehnten Fressen hinaufblicken und sich dabei vermutlich automatisch hinsetzen. Darauf folgt ein deutliches Lob und der Freßnapf. Diese Übung können Sie immer dann wiederholen, wenn es Zeit für das Futter oder einen Leckerbissen ist. Auch wenn der Hund gerne sein favorisiertes Spielzeug haben möchte, ergibt sich eine gute Gelegenheit dazu. Generell erhält der Hund seine „Belohnung" nur, wenn er sich hingesetzt hat. Tut er das nicht, warten Sie einige Minuten und wiederholen die Übung.

Befindet sich der Hund beim Spazierengehen an der Leine, erfolgt die Übung in folgender Weise: Bevor Sie an einer Straßenecke anhalten, verlangsamen Sie das Lauftempo und erteilen dann, kurz bevor Sie selbst stehenbleiben, das Kommando – „Rambo, Sitz!". Dabei gehen Sie in die Knie, legen Ihre linke Hand auf den hinteren Rückenbereich Ihres Hundes und drücken leicht nach unten. Sitzt der Hund, wird kräftig gelobt; wenn nicht, folgt ein strenges „Nein", der Befehl wird wiederholt und die Hand in gleicher Weise zuhilfe genommen. Sie sollten aber unbedingt darauf achten, daß Sie sich nicht mit Ihrem Körper über das Tier beugen, denn das ist eine für den Hund sehr bedrohliche Haltung, die darin resultiert, daß er sich entweder hinlegt oder sogar wegzulaufen versucht.

Das Platz

Sobald Ihr Hund das Kommando „Sitz" gelernt hat, folgt das „Platz-Kommando". Am einfachsten lernt der Hund die Bedeu-

tung dieses kurz und prägnant gesprochenen Befehls aus der sitzenden Position. Sie geben also zuerst das Kommando „Rambo, Sitz!", loben Ihren Hund für die korrekte Ausführung, greifen dann beide Vorderbeine und ziehen Sie nach vorn, so daß der Hund zum Liegen kommt. Dabei erteilen Sie das Kommando – „Rambo, Platz!". Während des darauffolgenden Lobens streicheln Sie den Rücken des Tieres, um es so in dieser Position zu halten.

An der Leine gestaltet sich diese Methode etwas schwieriger, weshalb hier ähnlich wie beim „Sitz" verfahren wird. Bevor Sie im Laufen innehalten, verlangsamen Sie das Tempo und erteilen kurz bevor Sie stehenbleiben das Kommando. Dabei greifen Sie mit Ihrer linken Hand über die Schultern des Hundes und üben einen leichten Druck aus.

Der Grund dafür, weshalb die Kommandos an der Leine stets kurz bevor Sie stehenbleiben erteilt werden, ist einfach zu erklären. Zum einen braucht der Hund etwas Zeit, um das Kommando befolgen zu können. Das heißt, er wird sich nicht sofort und auf der Stelle hinsetzen oder - legen, sondern benötigt eine kurze Zeitspanne zum Verstehen und Handeln. Erteilen Sie das Kommando erst wenn Sie bereits stehen, sonst wird der Hund unweigerlich ein Stück vor Ihnen, anstatt neben Ihnen zum Sitzen oder Liegen kommen oder sich nach Ihnen umdrehen und direkt vor Ihren Füßen oder verkehrtherum sitzen. Zum Anderen besteht das Problem, daß Sie den Hund zum „Sitz" oder „Platz" nur dann mühelos mit der Hand hinunterdrücken können, so lange er sich noch in Bewegung befindet. Steht der Hund bereits neben Ihnen, wird er sich dem Druck Ihrer Hand mit aller Kraft entgegenstem-

Grundregeln zur Erziehung

Konsequenz

Was dem Hund von einem Familienmitglied verboten wird, muß
automatisch auch bei allen anderen Familienmitgliedern verboten sein.

Kommandos (Hörzeichen)

Alle Kommandos (ausgenommen das „Komm") sind kurze und energisch
gesprochene Befehle, keine Bitten. Es muß dem Hund möglich sein, die
unterschiedlichen Kommandos anhand verschiedener Stimmlagen zu unterscheiden, weshalb jede Übung ihr eigenes Kommando hat. Verwenden Sie
also niemals ein Kommando für zwei unterschiedliche Übungen, denn das
bringt den Hund völlig durcheinander.

Gewöhnen Sie Ihren Hund nicht daran, erst auf das dritte oder vierte Kommando zu hören. Nach dem ersten nicht befolgten Befehl erfolgt sofort die
unmittelbare Einwirkung und die Wiederholung der Übung bis zur richtigen
Ausführung. Der Hund wird schnell begreifen, daß er sich den Tadel (negati-
ver Reiz) erspart, wenn er gleich beim ersten Kommando folge leistet und
gelobt wird (positiver Reiz). Beenden Sie eine Übungslektion stets mit einem
Kommando, das der Hund gut ausführt und somit mit einem Lob belohnt
werden kann.

men. Das verursacht dem Hund wiederum
ein unangenehmes Gefühl und ist somit
eine negative Erfahrung in Verbindung mit
diesen beiden Kommandos.

Bestrafung

Es wird immer wieder passieren, daß Sie
Ihren Hund für ein unduldbares Verhalten
bestrafen müssen. Das sollte aber keinesfalls in Form von Schlägen, der Verweige-
rung von Futter oder Eingesperrtwerden
geschehen, denn diese Bestrafungen sind
dem Hund naturgemäß fremd, und er wird
sie nicht oder nur schwer als solche erkennen. Wenn Sie eine Hündin beim Umgang
mit ihren Welpen beobachten, werden Sie
schnell erkennen, daß auch diese die Wel-

pen von Zeit zu Zeit bestraft, indem sie sie
im Genick packt und kräftig schüttelt (Do-
minanzgriff). Die gleiche Methode können auch Sie anwenden, denn sie ist dem
Welpen instinktiv bestens vertraut und
wird sofort als Bestrafung verstanden. Greifen Sie also den Hund im Nackenfell und
schütteln Sie ihn kräftig, wobei jedoch nur
die Vorderbeine leicht vom Boden abheben
sollten. Dabei erteilen Sie ein strenges
„Nein".

Wichtig ist, daß eine Bestrafung wie auch
jedes Lob stets unmittelbar auf die Handlung zu folgen hat. Beispielsweise ist es völlig wirkungslos den Hund zu tadeln, wenn
Sie nach einem Einkauf nach Hause kommen und feststellen, daß der inzwischen

den Mülleimer geleert hat. Sie können Ihrem Unmut in dieser Lage zwar durch Schimpfen beim Einsammeln der Bescherung Ausdruck verleihen, jedoch kommt eine direkte Bestrafung des Hundes jetzt viel zu spät. Er kann den Zusammenhang zwischen seiner Tat und dem nun später erfolgenden Tadel in den allermeisten Fällen nicht begreifen und fühlt sich so ungerechterweise bestraft. Geschieht so etwas öfter, bringt der Hund die Bestrafung stattdessen mit Ihrem Nachhausekommen in Verbindung und wird sich, anstatt Ihnen freudig entgegenzueilen, in einer Ecke verkriechen. Nur wenn der Hund den Zusammenhang zwischen seinem Verhalten und dem Lob oder Tadel versteht, können Sie eines Lernerfolges sicher sein.

Natürlich gibt es noch eine ganze Reihe anderer Kommandos, die ein Hund kennen sollte, und es gibt auch noch viel mehr Dinge, die Sie einem Hund beibringen können. Wer sich wirklich ausgiebig mit seinem Hund beschäftigen will, der sollte sich, wie bereits erwähnt und durch Beispiele angeregt, einem Hundeverein anschließen. Hier stehen Ihnen ausgebildete Trainer mit Rat und Tat zur Seite, und hier können Sie und Ihr Hund alles lernen, was für beide von Nutzen und was alles möglich ist. Der Hundesport erfreut sich in Deutschland einer zunehmenden Beliebtheit, verschafft Ihnen und Ihrem Hund die so nötige Bewegung, und die Zusammenarbeit und das Wetteifern mit Gleichgesinnten bereitet beiden darüberhinaus auch noch eine Menge Spaß.

Natürlich kann auch ein bereits älterer Hund noch erzogen und trainiert werden. Unabhängig vom Alter des Hundes müssen die Übungen auf dessen Ausbildungsstand abgestimmt werden. Hat ein

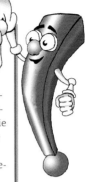

... und denken Sie dran

Es empfiehlt sich, daß Sie sich mit Ihrem Rottweiler einem Rassehundverband anschließen, wo rassespezifische Ausbildungen und Sportarten angeboten werden. Hier können Sie und Ihr Hund von einem exakt auf die Rasse und deren Fähigkeiten abgestimmten Trainingsprogramm profitieren. Adressen solcher Vereine können Sie beim VDH in Erfahrung bringen.

bereits erwachsener Rottweiler in seiner Jugend keinerlei Erziehung genossen, so werden Sie mit den gleichen Übungen wie für die Erziehung von Welpen beschrieben beginnen müssen. In diesem Fall werden von Ihnen viel Geduld und Ausdauer verlangt, denn erstens lernt ein bereits älterer Hund langsamer als ein Welpe, und außerdem müssen hier viele, bereits festsitzende Verhaltensmuster, korrigiert oder ausgemerzt werden. Trotzdem ist ein solcher Versuch nicht aussichtslos, denn wie heißt es doch so schön – zum Lernen ist niemand jemals zu alt.

Eine Übung, die zweimal hintereinander richtig ausgeführt wurde, sollte innerhalb einer Lektion nicht mehr wiederholt werden. Üben Sie mit Ihrem Welpen nicht länger als 10 Minuten pro Tag und niemals wenn Sie emotional gereizt oder unkonzentriert sind. Mit zunehmendem Alter des Hundes können die Lektionen stufenweise verlängert werden. Sie werden ein Gefühl dafür entwickeln zu erkennen, wann die Konzentrationsfähigkeit Ihres Hundes erschöpft ist und die Lektion besser beendet werden sollte.

Vorsorgemaßnahmen und Gesundheitspflege beim Rottweiler

Um seinen Rottweiler bei bester Gesundheit zu halten, sind einige Vorsorgemaßnahmen erforderlich. Vorsorge ist nicht nur die beste Medizin, sondern auch die preiswerteste Alternative im Umgang mit Krankheiten.

Die Vorsorge beginnt bereits vor der Geburt der Welpen, indem die werdende Mutter ständig umsorgt wird, alle erforderlichen Impfungen erhält und schon vor der Paarung auf Parasitosen hin untersucht und gegebenenfalls behandelt wird. Beide Elternteile wurden, ebenfalls bereits vor der Paarung, allen verfügbaren Tests zur Erkennung von genetisch bedingten Erkrankungen unterzogen, für „clean" erklärt und weisen keine verhaltensbedingten Mängel auf. Damit sind die Grundbedingungen zur Zucht erfüllt und die geeignete Basis für gesunde Nachkommen geschaffen worden.

Es muß bei der Planung zur Zucht stets bedacht werden, daß die Elterntiere ihren Welpen nicht nur ihre guten Eigenschaften vererben, sondern ihnen genauso gut alle möglichen Krankheiten mit auf den Weg geben können, wenn dieses Risiko nicht vorher ausgeschaltet wird. Diese Dinge sind auch in den Bedingungen des ADRK festgelegt.

Im Alter von zwei bis drei Wochen

Bereits in diesem frühen Alter ist es notwendig, die Welpen ihrer ersten Entwurmung zu unterziehen. Obwohl die Hunde natürlich von dieser Art von Parasitenkontrolle profitieren, liegt der eigentliche Grund für eine solche Maßnahme eher in der Gesundheitsvorsorge für den Menschen. Nach der Geburt der Welpen gibt das Weibchen oftmals große Wurmmengen ab, auch wenn sie noch zu Beginn der Trächtigkeit als wurmfrei erklärt wurde. Das liegt daran, daß auch wenn keine Würmer in der untersuchten Kotprobe nachgewiesen wurden, viele Larven dieser Parasiten verkapselt in der Muskulatur ruhen, bis der durch die Geburt entstehende Streß sie aktiviert und zum Verlassen des Wirtskörpers treibt und sie so in die Außenwelt gelangen.

Außerdem gibt das Muttertier die Parasitose auch mit der Milch an die Welpen weiter. Untersuchungen haben deutlich gemacht, daß 75% aller Welpen unter Wurmbefall leiden und deshalb davon ausgegangen werden sollte, daß die eigenen Welpen darin keine Ausnahme bilden. Aus diesem Grunde wird sehr früh mit der Entwurmung begonnen; auch zu dem Zweck, die Bewohner des Hauses zu schützen. Diese Wurmkuren werden alle zwei Wochen wiederholt, bis der Tierarzt der Meinung ist, den Wurmbefall unter Kontrolle zu haben. Danach oder spätestens ab der 12. Lebenswoche werden regelmäßige Wurmkuren durchgeführt, deren Abstände vom Tierarzt festgelegt werden.

Auch das Muttertier sollte in diese Behandlung mit einbezogen werden, damit verhindert wird, daß ständig neue Würmer von ihr ausgeschieden werden und sie sich und die Welpen dadurch erneut infiziert. In jedem Fall dürfen nur solche Medikamente und Dosierungen angewandt werden, die vom Tierarzt empfohlen und für den Gebrauch bei Welpen als unbedenklich gelten – nach

Noblehause Quelle Image und Nachkomme Zobel Bone sind anschauliche Beispiele für vor Gesundheit nur so strotzende Hunde.

Im Alter von sechs bis acht Wochen sollte ein Rottweiler-Welpe die erste tierärztliche Grunduntersuchung erhalten. Hierbei wird speziell auf Anzeichen für entstehende oder vererbte Gesundheitsprobleme geachtet.

Gutdünken dosierte und von irgendwoher stammende Mittel haben schon einigen Welpen das Leben gekostet.

Im Alter von sechs bis zwanzig Wochen

Die meisten Welpen werden im Alter von sechs bis acht Wochen von der Mutter entwöhnt. Die endgültige Entwöhnung sollte nicht zu früh stattfinden, denn während die Welpen gesäugt werden, entwickelt sich durch den ständigen Kontakt mit den Geschwistern und der Mutter die Basis für das spätere Sozialverhalten. Somit wird ihnen der richtige Umgang mit anderen Hunden, im weiteren Verlauf ihres Lebens erheblich erleichtert. Es gibt keinen vernünftigen Grund, den Entwöhnungsprozeß unbedingt beschleunigen zu wollen, es sei denn, das Muttertier kann keine ausreichenden Milchmengen produzieren, um alle Welpen zu ernähren.

Die erste Untersuchung durch einen Tierarzt findet gewöhnlich im Alter zwischen sechs und acht Wochen statt, also genau dann, wenn auch die meisten Schutzimpfungen fällig werden. Bei Welpen, die ständigen Kontakt mit vielen anderen Hunden haben, wird der Tierarzt wahrscheinlich bereits mit sechs Wochen eine Impfung mit inaktivem Parvovirus empfehlen, wohingegen Welpen ohne Kontakt zu anderen Hunden erst mit acht Wochen gegen Parvovirose, Staupe, Hepatitis und Leptospirose geimpft werden müssen/sollten. Bei dieser Gelegenheit wird neben einer Generaluntersuchung auf Krankheitsanzeichen, die einen Aufschub der Schutzimpfungen erfordern würden, auch gleich eine erste Zahnuntersuchung durchgeführt um zu sehen, ob die Zähne wie gewünscht durchbrechen. Bei Rüden wird sich der Arzt auch versichern, daß die Hoden ordnungsgemäß aus dem Unterleib in den Hodensack gewandert sind. Gesundheitliche Alarmzeichen wie Herzgeräusche, verschobene Kniescheiben, beginnender Grauer Star, Nickhautvorfall und Nabelbrüche, sind in diesem Alter ebenfalls bereits erkennbar.

Das Alter von acht Wochen ist auch der richtige Zeitpunkt für einen Verhaltenstest. Dieser kann vom Tierarzt selbst oder aber auch von einer anderen, vom Tierarzt empfohlenen Person vorgenommen werden. Wie bereits erwähnt, sind diese Tests nicht unbedingt zuverlässig, können jedoch Aufschluß über einige bestimmte Veranlagungen zur Entwicklung von Verhaltensstörungen geben. Wer bereits mit der Aufzucht von Welpen seine Erfahrungen hat, wird bestimmt schnell bemerken, wenn das Verhalten eines Tieres in irgendeiner Form vom „Normalen" abweicht und sich ohne weitere Aufforderungen um professionelle Hilfe bemühen. Für einen unerfahrenen Halter ist das jedoch nicht so einfach, denn ihm fehlen die Vergleichsmöglichkeiten. Wer sich also diesbezüglich unsicher ist, sollte seinen Welpen besser der Erfahrung und dem Urteilsvermögen eines Fachmanns anvertrauen, bevor er später eine bittere Enttäuschung erlebt. Schon viele Hundehalter haben in solchen Fällen resigniert aufgegeben und der erlösenden Spritze vom Tierarzt den Vorzug vor den ständigen Problemen mit einem unberechenbaren Hundetemperament gegeben – ein Weg, den Sie nicht einschlagen müssen, verschaffen Sie sich rechtzeitig einen Einblick in das Wesen des Hundes.

Seit einiger Zeit ist es in den Vereinigten Staaten üblich, Kastrationen bereits im Alter von sechs bis acht Wochen vornehmen zu lassen. In Deutschland verhält sich das anders, denn hier vertreten die Tierärzte die Meinung, daß eine zu frühe Kastration einen negativen Einfluß auf den Hormonhaushalt des Tieres hat, der gewöhnlich erst im Alter von etwa sechs bis sieben Monaten voll funktionsfähig ist. Im Gegensatz zu den USA, wo eigentlich alle

... und denken Sie dran

Verzichten Sie bitte darauf, in der Apotheke nach irgendwelchen x-beliebigen Wurmmitteln zu fragen. Der Tierarzt hat hier einschlägige Erfahrungen mit der Verabreichung des richtigen Mittels für das entsprechende Alter. Verlassen Sie sich also besser auf seinen professionellen Rat.

„Nicht-Zuchthunde" einem solchen Eingriff unterzogen werden, wird eine Kastration in Deutschland meistens nur dann vorgenommen, wenn ein zwingender medizinischer Grund dafür vorliegt.

Die meisten Schutzimpfungen werden in Abständen verabreicht, nämlich mit acht bis zehn Wochen und zwölf bis vierzehn Wochen. Im Normalfall sollten die einzelnen Impfungen mindestens zwei Wochen auseinanderliegen, wobei ein Abstand von vier Wochen optimal ist. Jede Impfung besteht gewöhnlich aus mehreren verschiedenen Erregern – zum Beispiel werden die der Parvovirose, Staupe, Hepatitis und Leptospirose in einer Impfung kombiniert. Ein Impfschutz gegen Koronavirose (Zwingerhusten) kann separat verabreicht werden, falls der Arzt den Welpen als „Risikofall" einstuft. Die Impfungen

Die Zähne eines Rottweilers sollten regelmäßig überprüft werden. Der Tierarzt wird wertvolle Hinweise für eine gute Zahnpflege geben, die der Halter zuhause praktizieren kann.

gegen Parvovirose, Staupe, Hepatitis und Leptospirose werden im Alter von zwölf Wochen wiederholt. Zu diesem Zeitpunkt wird auch die erste Tollwutimpfung verabreicht. Eine Auffrischung der Tollwut-, Leptospirose- und Parvoviroseimpfung findet von da ab generell in jährlichen Abständen, die der Staupe- und Hepatitisimpfungen alle zwei Jahre statt.

Gegen den bekannten Zwingerhusten gibt es heute neben der üblichen Impfung auch noch einen neueren Weg zur Immunisierung, bei dem der Impfstoff in die Nasenlöcher gesprüht wird. Diese Schutzimpfung kann bereits mit sechs Wochen verabreicht werden, wenn die Welpen einem erhöhten Ansteckungsrisiko ausgesetzt sind.

Die Leptospirose (Stuttgarter Hundeseuche) ist eine Bakterieninfektion, die weltweit verbreitet ist. Der Impfschutz hält ein Jahr an und besteht aus zwei Injektionen, die jeweils drei bis vier Wochen auseinanderliegen. Die erste Injektion sollte spätestens im Alter von 10 Wochen verabreicht werden. Nachdem die Serie der Impfungen vollständig ist, reicht auch hier eine Auffrischung einmal jährlich.

Die Tollwutimpfung ist nach wie vor eine der wichtigsten, obwohl sie längst nicht mehr in allen Ländern als Pflichtimpfung gilt. Es kann sogar sein, daß die diesbezüglichen Bestimmungen innerhalb eines Landes unterschiedlich sind, was ganz davon abhängt, wann der letzte Tollwutfall aufgetreten ist und wie hoch das Risiko für neue Krankheitsfälle eingestuft wird. Aus Sicherheitsgründen sollten Sie jedoch nicht auf diesen Impfschutz verzichten, denn es handelt sich immerhin um eine Krankheit, die ohne Schutzmaßnahmen auch heute noch tödlich verläuft. Die Imp-

fung wird im Alter von zwei Monaten erstmalig verabreicht, die nächste Injektion erfolgt im Alter von drei Monaten und von da an wird alle zwölf Monate eine Auffrischung vorgenommen.

Einige Hunde, besonders der Rottweiler, sprechen nur schlecht auf Schutzimpfungen an und haben dadurch Probleme, einen vollständigen und wirksamen Schutz gegen die entsprechenden Krankheiten aufzubauen. Gewöhnlich wird in solchen Fällen im Alter von 16 Wochen ein Test zur Ermittlung vorhandenen Antikörper gegen Parvovirose durchgeführt, der in jährlichen Abständen wiederholt wird. Dadurch hat der Tierarzt eine gute Kontrolle darüber, ob ein ausreichender Schutz gegen die Krankheit vorhanden ist. In Nordamerika wurde kürzlich ein neuer Impfstoff gegen Parvovirose eingeführt, der für Welpen im Alter von sechs bis achtzehn Wochen empfohlen wird. Dennoch ist nach wie vor bei Rottweilern und Dobermännern eine verminderte bis schlechte Reaktion auf diese Impfung vorhanden, was unbedingt zu berücksichtigen ist.

Schon im Alter von ca. fünf Wochen (und auch später noch) sollte jede nur denkbare Möglichkeit genutzt werden, den Welpen mit möglichst vielen Menschen und Situationen vertraut zu machen. Dies ist ein Teil der kritischen Sozialisierungsphase, der darüber entscheidet, wie sich der Welpe in seinem weiteren Leben anderen Menschen und Haustieren gegenüber verhalten und wie er auf unbekannte Situationen und Ereignisse reagieren wird. In dieser Phase sollte der Welpe so viel Zeit wie möglich mit seinem Halter und der Familie verbringen, nicht für jede Kleinigkeit bestraft werden und mit ruhiger und geduldiger Hand, jedoch ohne jeglichen

Druck, die ersten Erziehungsmaßnahmen genießen.

Bei der Sozialisierung mit Mensch und Tier muß allerdings bedacht werden, daß sich diese Maßnahme nicht nur auf die eigenen Familienmitglieder und Haustiere bezieht, die der Hund aller Wahrscheinlichkeit nach sowieso als seinem „Rudel" zugehörig betrachten wird. Es geht vielmehr um den Kontakt mit fremden Menschen und Tieren wie beispielsweise die Katze des Nachbarn, Käfig- oder Volierenvögeln und was sich sonst noch so an anderen Haustieren im Freundes- und Familienkreis anbietet, sowie um Menschen, mit denen der Welpe gewöhnlich keinen oder nur sehr selten Kontakt hat. Ein ständiger oder enger Kontakt mit anderen Hunden sollte hingegen erst stattfinden, nachdem der Welpe seine zweite Impfreihe hinter sich hat. Vorher besteht nur ein unzureichender Schutz gegen Infektionskrankheiten, die leicht von einem Hund auf einen anderen übertragen werden können. Nach Erreichen der zwölften Lebenswoche sollte der Impfschutz dann stark genug sein, um dem Welpen auch das Zusammensein mit anderen Hunden zu gönnen. Dieser Schritt ist in Hinsicht auf den späteren Besuch in einem Hundeverein besonders wichtig, denn hier verlangt der Trainer von jedem Hund ein ausgeprägt friedfertiges Verhalten den anderen vier- und zweibeinigen Mitgliedern gegenüber.

Nun ist auch schon mal ein längerer Spaziergang in Straßen und Parks angesagt, um den Welpen mit der großen weiten Welt außerhalb des heimischen Herdes vertraut zu machen – all die fremden Gerüche, Menschen, andere Hunde und nicht zuletzt der Verkehrslärm und andere unbekannte Geräusche helfen dem Welpen, diese ihm anfangs noch unheimliche Welt zu verstehen und zu akzeptieren. Die Gewöhnung an das Fahren im Auto, Bus, in der Bahn oder im Aufzug gehören genauso dazu wie der Kontakt mit spielenden

Rottweiler sprechen nur schlecht auf Schutzimpfungen an. Zur Ermittlung von Antikörpern wird ein Test vorgenommen, der in jährlichen Abständen wiederholt wird.

Kindern, Fahrradfahrern, Motorrädern, schlicht und ergreifend mit allem, was zu unserem täglichen Leben dazugehört.

Die ersten Ausflüge mit dem Halter und der Familie erfordern aber auch noch eine andere Voraussetzung, nämlich die, daß der Hund jederzeit von anderen identifiziert werden kann. Auch wenn Sie selbst behaupten mögen, es könne nicht dazu kommen, daß der Hund wegläuft, hat schon manch einer diese falsche Selbstsicherheit mit dem Verlust seines Hundes bezahlen müssen. Trotz der Tatsache, daß ein Rottweiler kein kleiner Hund ist, kommt es immer wieder dazu, daß ein vom Halter unbeachteter oder unentdeckter Weg in die Freiheit gefunden wird. Darüberhinaus gibt es auch unter den Menschen sehr unfreundliche Subjekte, die Gefallen daran finden, anderer Leute Hunde zu stehlen.

Zu dem Zweck, einen verlorengegangenen Hund schnellstmöglich wiederzufinden, gibt es mehrere Methoden, die mehr oder

... und denken Sie dran

Die ersten längeren Spaziergänge sind ungeheuer aufregend für den Welpen. Am faszinierensten sind dabei die unbekannten und vielfältigen Gerüche. Lassen Sie Ihren Hund jedoch nicht überall herumschnüffeln, besonders nicht am Kot anderer Hunde, denn das ist der beste Weg zur Übertragung von Parasitosen.

weniger effektiv sind. Die bekannteste und bestimmt älteste Methode ist das Hundehalsband mit der daran befindlichen Hundemarke. Es empfiehlt sich, auf deren Rückseite oder einem zusätzlichen Anhänger den Namen, die Adresse und Telefonnummer des Halters eingravieren zu lassen. Die wichtigste Voraussetzung dafür, daß dieses System auch seinen Zweck erfüllt ist natürlich die, daß der Hund dieses Halsband auch ständig trägt. Dennoch

muß die Möglichkeit berücksichtigt werden, daß er es sich irgendwo abreißen könnte oder ein anderer Hund es bei einem Kampf durchbeißt. Außerdem kommt es nicht selten vor, daß die am Halsband befindlichen Anhänger abfallen und verlorengehen.

Einige Halter bevorzugen ein Kettenhalsband anstatt dem aus Leder oder Textilmaterial, das jedoch aus den bereits erwähnten Sicherheitsgründen abgenommen werden muß, wenn sich der Hund nicht an der Leine befindet. Sie scheidet deshalb in diesem Fall aus.

Eine Methode, die sich gut bewährt hat, ist eine Tätowierung im rechten Ohr des Tieres, die meistens aus der Registriernummer des Hundes besteht und die bei allen reingezüchteten Hunden vorhanden ist. Handelt es sich nicht um einen registrierten Hund, kann auch eine spezielle vom Züchter vergebene Kennummer eintätowiert werden. Die Tierheime verfügen im Allgemeinen über Listen dieser Nummern, anhand derer sie den Züchter ausfindig machen können, der seinerseits wieder Telefonnummer und/oder Adresse des Halters besitzt.

Alle Züchter des ADRK tätowieren ihre Welpen bereits vor dem Verkauf. Zu diesem Zweck werden die Haare auf der Innenseite eines Ohres abrasiert und dann die Tätowierung vorgenommen, die dem Tier keine nennenswerten Schmerzen verursacht. Allerdings ist es auch hierbei schon vorgekommen, daß solche Tiere nicht identifiziert werden konnten, weil entweder zu viele Haare über die Tätowierung gewuchert waren oder diese nicht richtig und unleserlich vorgenommen wurde. So wurde sie entweder gar nicht entdeckt oder konnte nicht entziffert werden. Es liegt also auch

Nach einer Kastration/Sterilisation braucht der Rottweiler auch nach dem Aufwachen noch einige Stunden, um sich von der Narkose zu erholen. In dieser Zeit benötigt er unbedingt einen warmen Platz und vorallem Ruhe.

bei dieser Methode in der Hand des Halters, die Haare kurz zu halten und die Nummer eventuell nachtätowieren zu lassen, wenn die Zahlen nicht mehr deutlich zu erkennen sind.

Die neueste Erfindung auf diesem Gebiet ist ein Mikrochip, der heute schon in vielen Ländern zur Anwendung kommt. Es handelt sich dabei um einen Computerchip, der nicht größer als ein Reiskorn ist. Der Tierarzt implantiert diesen unter örtlicher Betäubung unter der Haut zwischen den Schulterblätter des Hundes. Läuft der Hund nun weg oder geht anderweitig verloren und wird im Tierheim abgeliefert, kann dort mit einem Scanner der Code des Mikrochips ermittelt und so der Besitzer ausfindig gemacht werden. Ein Anhänger am Halsband weist darauf hin, daß der Hund einem solchen Computerchip trägt. Auch hier wird natürlich vorausgesetzt, daß der Hund das Halsband ständig trägt. Leider gibt es in Deutschland ein Überangebot an Herstellern dieser Chips, die auch verschiedene Lesegeräte haben und somit ist diese Methode noch nicht als „ausgereift" zu betrachten.

Im Alter von vier bis zwölf Monaten

Mit sechzehn Wochen sollte der Welpe bereits seine letzte Impfreihe erhalten haben. Obwohl es Dank der Bemühungen verantwortungsbewußter Züchter in Deutschland nur wenige Fälle der Von-Willebrand-Krankheit bei Rottweilern gibt,

Nur wer für eine korrekte Mundhygiene bei seinem Rottweiler sorgt, wird so mit ihm herumschmusen wollen. Mundgeruch durch Zahn- oder Zahnfleischkrankheiten verleiden einem einen solch engen Kontakt.

Zweck der Trächtigkeitsverhütung, sondern bei Rüden auch dazu, daß sie den Drang zum Herumstreunen ablegen und anderen Rüden gegenüber friedfertiger werden. Außerdem wird durch eine solche Operation das Risiko für bestimmte Krankheiten wie verschiedene Krebsarten und Prostataprobleme eingeschränkt.

Im sechsten bis siebten Lebensmonat sollte der Welpe auch den Zahnwechsel been-

sollte der Welpe in diesem Alter dennoch auf etwaige Anzeichen dieser Krankheit hin untersucht werden, wenn das nicht bereits durch den Züchter geschehen und eine entsprechende Freiheit für die Zuchtlinie bestätigt ist.

Diese Erbkrankheit verursacht unkontrollierbare Blutungen. Ein einfacher Bluttest ist alles, was zur Erkennung erforderlich ist, allerdings muß dieser in einem speziellen Labor ausgewertet werden. Ein entsprechender Test sollte in jedem Fall vor einem chirurgischen Eingriff wie z.B. einer Kastration durchgeführt werden, denn besteht ein Bluterproblem, müssen für Operationen natürlich besondere Sicherheitsvorkehrungen getroffen werden.

Ab einem Alter von sechs Monaten kann eine Kastration vorgenommen werden, vorausgesetzt es liegt ein einleuchtender Grund vor und das Tier ist nicht zur Zucht vorgesehen. Die Geschlechtsreife tritt bei den meisten Rassen in einem Alter zwischen sechs oder sieben Monaten ein – bei manchen Rassen aber erst erheblich später. Die Kastration dient nicht nur dem

det haben. Die ersten Zähne (Milchzähne) sind ausgefallen, und die zweiten und bleibenden sollten bereits alle durchgebrochen sein. Der Tierarzt wird sich in diesem Stadium davon überzeugen wollen, daß das Gebiß vollständig und die Stellung der Zähne (der Biß) korrekt ist. Ist das nicht der Fall, ergibt sich hier die Möglichkeit zur Korrektur. Eine solche Zahnstellungskorrektur sollte jedoch ausschließlich zum besseren Wohlbefinden des Hundes durchgeführt werden, um ihm ein normales Kauen zu ermöglichen – niemals aber aus rein kosmetischen Gründen, um dem Tier ein besseres Aussehen zu verleihen.

Zu diesem Thema gibt es eine traurige Statistik – 85 % aller Hunde, die älter als vier Jahre sind, leiden unter Zahnkrankheiten und permanentem Mundgeruch. Tatsächlich ist das so häufig der Fall, daß viele Hundehalter diesen Zustand als völlig normal betrachten! Damit haben diese Leute vielleicht gar nicht so unrecht, denn es ist beim Hund wie beim Menschen wirklich, eine normale Erscheinung, daß eine mangelnde Zahnhygiene Probleme verursachen, die sich auch hartnäckig halten. Selbstverständlich können schlechte Zähne und ein ständig entzündetes Zahnfleisch auch erblich bedingt sein oder aus einer falschen Ernährung im Welpenalter resultieren, jedoch sind das die wenigsten Fälle. Der Auslöser solcher Probleme ist meistens eine starke Ansammlung von Zahnstein, wofür unter Umständen eine Veranlagung verantwortlich sein kann.

Um den Zähnen seines Hundes die gleiche Aufmerksamkeit und Pflege wie den eigenen zukommen zu lassen, gibt es mehrere Möglichkeiten. Zum Beispiel gibt es, beim Tierarzt für Hunde mit der Neigung zu starker Zahnsteinbildung und Mundgeruch, spezielle Zahnbürsten und Zahnpasta. Außerdem tragen die im Handel erhältlichen Kauspielzeuge, erheblich zur Sauberhaltung der Zähne bei. Der Tierarzt sowie der Fachhandel beraten gerne über speziell für die Zahnpflege geeignete Kaugegenstände, die gewöhnlich zum Verzehr gedacht sind, jedoch in ihrer Zusammensetzung und Beschaffenheit eine reinigende und für das Zahnfleisch kräftigende Wirkung besitzen, die freigesetzt wird, wenn das Tier ausgiebig darauf herumkaut. Im Normalfall reichen solche Produkte völlig aus, um Zähne und Zahnfleisch in gutem Zustand zu erhalten, vorausge-

Ab dem sechsten Monat kann eine Kastration vorgenommen werden. Dies dient nicht nur der Trächtigkeitsverhütung, sondern soll auch bei Rüden den Hang zum Herumstreunen verhindern. Durch einen solchen Eingriff wird auch das Risiko für manche Krebsarten vermindert.
Foto: R. Klaar

... und denken Sie dran

Zur richtigen Mundhygiene Ihres Hundes gehört es auch zu verhindern, daß er auf die Zähne und das Zahnfleisch schädigenden Dingen herumkaut. Dazu gehören Steine egal welcher Größe genauso wie splitternde Holzstücke.

Das Reinigen der Zähne kann beispielsweise durch einmal wöchentliches Zähneputzen mit einer speziellen Zahnbürste und -pasta geschehen

Rechts: Das ideale Spielzeug. Solche auf spezielle Art gedrehte Tauslücke sind unglaublich robust und halten den Zähnen eines Rottweilers lange stand, ohne daß dabei eine Verletzungsgefahr für Zähne und Zahnfleisch besteht.

setzt, beide erfreuen sich von Geburt an bester Gesundheit und das Tier wird mit einer ausgewogenen, vitamin- und kalziumreichen Ernährung versorgt. In anderen Fällen, wo die Zähne erblich vorbelastet oder Mangelerscheinungen im Welpenalter für schlechte Zähne verantwortlich sind, helfen die vorher genannten Kauprodukte dabei, die Bildung von Zahnstein zu verlangsamen und zu verhindern, daß dieser

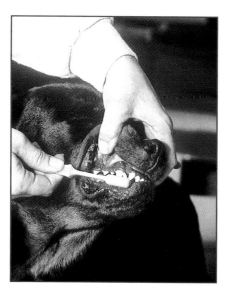

sich festsetzen kann. Dennoch werden Sie in einem solchen Fall nicht umhinkommen, den hartnäckigen Belag regelmäßig vom Tierarzt entfernen zu lassen, denn er gefährdet anderenfalls die Gesundheit der Zähne und des Zahnfleisches.

Die ersten sieben Lebensjahre

Der einjährige Hund sollte nun einer gründlichen Generaluntersuchung unterzogen werden. Hierbei können unter anderem auch Röntgenaufnahmen der Hüft- und Ellbogengelenke angefertigt werden, wenn über den diesbezüglichen Zustand der Eltern nichts bekannt ist. Beim Rottweiler sollten auch die Tarsusgelenke (Fußwurzelgelenke) geröntgt werden, denn diese Form der Osteochondrose kann bei dieser Rasse auftreten.

In diesem Alter können auch die ersten eingehenden Blutuntersuchungen durchgeführt werden. Dazu gehört gewöhnlich ein Schilddrüsentest (Beurteilung der Funktion und Auswertung der Hormonausschüttung), eine Zählung der Blutkörperchen, die Überprüfung der Organchemie und eine Messung des Cholesterinspiegels. Anhand dieser Daten kann sich der Tierarzt ein sehr gutes Bild über den

Gesundheitszustand des Hundes machen und diese jederzeit mit später ermittelten Daten vergleichen. Obwohl Rottweiler nur selten in so jungem Alter klinische Anzeichen für eine Schilddrüsenunterfunktion aufweisen, heißt das nicht, daß sich diese Krankheit nicht eventuell später entwickeln und zum Ausbruch kommen kann. Zu einem solchen Generalcheck zählt natürlich auch die Untersuchung der Augen, Ohren, des Maulinnenraums und Rachens, der Lungen, des Herzens, der Lymphknoten und des Abdomens sowie Auffrischungen bestimmter Schutzimpfungen und auch eine Entwurmung. Außerdem bietet sich hierbei die Gelegenheit, den Tierarzt zu allem zu befragen, was einem innerhalb des Jahres am Verhalten des Hundes so aufgefallen ist. Bei Hunden mit hartnäckigen Zahnstein-

ablagerungen beginnen die meisten Tierärzte im Alter von zwei Jahren mit den ersten zahntechnischen Maßnahmen. Hierfür ist eine Narkose erforderlich, denn das Tier würde sonst mit Sicherheit nicht dabei stillhalten. Der Arzt verwendet bei dieser Prozedur einen Ultraschallschleifer, mit dem er den Zahnstein und -belag von und zwischen den Zähnen entfernt. Anschließend werden die Zähne poliert, damit sich neuer Belag und Zahnstein nicht mehr so leicht festsetzen können. Vielleicht werden noch Röntgenaufnahmen der Kiefer und Zahnwurzeln angefertigt und eine Fluoridbehandlung des Zahnfleisches vorgenommen, denn die so gefürchtete Zahnfleischentzündung wird nicht durch den Zahnstein, sondern vom Bakterienbelag auf den Zahnhälsen ausgelöst. Da beim Zahnsteinabschleifen der Bakterienbelag jedoch nur unzureichend entfernt wird, haben Zahnärzte speziell zu diesem Zweck eine neue Technik entwickelt, die auf Ultraschallbasis funktioniert. Die Ultraschallbehandlung ist schneller, zerstört mehr Bakterien und reizt das Zahnfleisch erheblich weniger als die herkömmliche Schleifmethode. Eine spezielle Zahnpolitur schließt die Behandlung ab, das Zahnfleisch heilt schneller und der Halter kann somit früher mit der „Hausbehandlung" beginnen.

Jeder Hund hat seine individuellen Zahnprobleme, die in jedem Fall berücksichtigt und beobachtet werden müssen. Wird ein Rottweiler regelmäßigen Untersuchungen unterzogen und hat er ständig einen der erwähnten Kaugegenstände zur Verfügung, um so seine eigene Zahnpflege zu betreiben, sollten keine weiteren Probleme auftreten.

Rottweiler sind in jedem Alter für Hitzschläge und Dehydration anfällig. Deshalb sollten Sie stets geeignete Vorsorgemaßnahmen treffen, wenn auch nicht unbedingt so, wie hier scherzhaft gezeigt.

Hier wird das Ohr eines Rottweilers auf Parasiten wie Ohrmilben untersucht, die ein Auslöser der Räude sind.

beginnenden Alterserscheinungen. Deshalb sollten die Erstellung von Blutbildern, Urinanalysen, Röntgenaufnahmen des Brustbereichs und Elektrokardiogramme (Herzuntersuchung, EKG) in die regelmäßigen Untersuchungen einbezogen werden. Eine Früherken-

Der Rottweiler ist für einige Augenkrankheiten anfällig und sollte deshalb mindestens einmal jährlich speziell auf derartige Probleme hin untersucht werden.

Der alte Rottweiler

Ab einem Alter von etwa sieben Jahren wird ein Rottweiler als älterer bis alter Hund bezeichnet. An den jährlichen Abständen der Vorsorgeuntersuchungen ändert sich auch jetzt nichts, nur sollten diese nun schon etwas umfassender sein, besonders in Hinsicht auf die langsam

... und denken Sie dran

Wenn Ihr Hund regelmäßig geimpft und entwurmt wird und nicht ohne Aufsicht herumstreunen darf, besteht auch für Sie und Ihre Kinder kaum ein Risiko, sich durch ihn mit Krankheiten zu infizieren. Trotzdem sollten Sie verbieten, daß der Hund Hände und Gesicht belecken darf.

nung erhöht in jedem Fall die Heilungschancen, verkürzt die Behandlungsdauer und senkt natürlich auch die Kosten. Eine dem Alter des Tieres angemessene und ausgewogene Ernährung mit speziellen Futtersorten für ältere Hunde sowie gut proportionierte Bewegung im Freien können die Entwicklung von altersbedingten Gesundheitsstörungen verlangsamen und dafür sorgen, daß sich der Rottweiler auch bis ins hohe Alter wohlfühlt und gesund bleibt.

Wann ist Ihr Rottweiler krank

	Gesunder Hund	Kranker Hund
Augen	klar	gerötet, trübe, ständiges Reiben mit den Pfoten
Nase	sauber	Ausfluß, eitrig verklebt
Ohren	sauber	verkrustet, Ausfluß, übler Geruch, ständiges Kratzen oder Kopfschütteln
Fell	sauber, stehend	struppiges Aussehen, Haarausfall eventuell mit Hautekzemen
Schleimhäute	rosafarben	blaß rosa bis weißlich oder rot entzündet
Zahnfleisch	rosafarben, gut durchblutet	weißlich, rot entzündet, käsiger, übelriechender Belag
Bewegungsapparat	fließende Bewegungen	Lahmheit, Bewegungsunlust, Schmerzlaute, Schwierigkeiten beim Aufstehen
Verdauung	fester Kot, keine Verschmutzungen des Fells im Analbereich	Durchfall, verschmutzte Analregion, häufiges Erbrechen, anhaltende Verstopfung, keine Kotabgaben, aufgeblähtes Abdomen
Temperatur	normal, 37,5 bis 39 °C	zu hoch, zu niedrig
Verhalten	aufmerksam, aktiv, Futter- und Wasserkonsum normal	apathisch, unkonzentriert, unregelmäßiges Fressen, Futterverweigerung, erhöhtes Trinkbedürfnis, Rastlosigkeit, Winseln, erhöhtes Ruhe- und Schlafbedürfnis

Genetisch bedingte und speziell beim Rottweiler auftretende Erkrankungen

Es gibt eine Reihe von Krankheiten, die beim Rottweiler besonders häufig auftreten. Bei einigen Erbkrankheiten konnte das verantwortliche Gen bereits ermittelt und isoliert werden, jedoch ist das leider nicht bei allen der Fall. Hier bleibt nur die Möglichkeit, die besonders betroffenen Zuchtlinien ausfindig zu machen, einen Weg zur einwandfreien Erkennung und effektiven Behandlung der Krankheiten zu finden und entsprechende Vorsorgemaßnahmen zu treffen.

Die im Folgenden genannten Krankheiten sind beim Rottweiler besonders häufig nachzuweisen, wobei diese Aufstellung nicht zwingendermaßen als vollständig zu betrachten ist. Einige der genetisch bedingten Krankheiten können durchaus innerhalb bestimmter Zuchtlinien häufig sein, gelten jedoch in der Gesamtheit der Rasse als selten.

Krankhafte Herzvenenverengung

Hierbei handelt es sich um einen vererbten Herzfehler, durch den der ungehinderte Rückfluß des Blutes aus dem Herzen beeinträchtigt wird. Leider gehört der Rottweiler zu den Rassen, die für diesen Zustand besonders anfällig sind. Genstudien haben gezeigt, daß mindestens zwei Gene für diesen Herzfehler verantwortlich sind, von denen eines autosomal dominant ist, also nur von einem Elternteil stammen muß.

Einige an dieser Krankheit leidende Welpen machen einen durchaus normalen Eindruck, während andere sämtliche für Herzschwäche klassische Symptome zeigen – Schwäche, Ohnmachtsanfälle und plötzlich eintretender Tod. Gewöhnlich kann dieser Zustand in der gesamten Zuchtlinie nachgewiesen werden. Einen ersten Hinweis kann der Tierarzt beim Abhören durch

reren Fällen können Beta-Blocker die Symptome kontrollieren, die Krankheit aber nicht heilen. Bei Welpen, die wirklich bedrohliche Symptome zeigen, wird der Tierarzt noch vor Erreichen des sechsten Lebensmonats zu einem chirurgischen Eingriff raten, bevor permanente Veränderungen am Herzen erkennbar werden. Mit dieser Krankheit belastete Hunde sowie deren Verwandte und Welpen, sind unbedingt von der Zucht auszuschließen.

Das Verhalten Ihres Rottweilers läßt sicherlich Rückschlüsse auf seinen Gesundheitszustand zu. Sie kennen Ihren Hund ja genau und werden deshalb auch schnell erkennen, wenn er sich nicht wohlfühlt oder unnormal verhält.

Degenerativer Kreuzbandabriß

Die Kreuzbänder befinden sich in den Kniegelenken und üben dort eine Stützfunktion aus. Ein degenerativer Abriß des vorderen Kreuzbandes tritt bei Hunden häufig auf und ist bei Rottweilern im Alter zwischen zwei und sechs Jahren die hauptsächliche Ursache für Lahmheit der Hinterbeine. Es gibt Krankheiten, die im allgemeinen bei dem Rottweiler eher selten auftreten, aber mei manchen Zuchtlinien häufiger sind. Regelmäßige Besuche beim Tierarzt helfen dies zu kontrollieren und rechtzeitig zu erkennen. Die durch einen Kreuzbandabriß entstehende Lahmheit ist nicht immer schmerzhaft. Häufig wird der Hund das betroffene Bein einstweilig schonen und vielleicht sogar nur auf drei Beinen laufen, doch letztlich wird er das Bein wieder mehr und mehr belasten. Unglücklicherweise entsteht durch den Versuch, das belastete Gelenk zu stabilisieren, nur noch mehr Schaden.

Ein Kreuzbandabriß kann durch eine Manipulation des Knies oder eine Arthroskopie diagnostiziert werden. Beides geschieht natürlich unter Narkose. Desweiteren kann eine Untersuchung der Gelenkflüssigkeit Aufschluß über eine solche degenerative Gelenkschädigung geben. Die Behandlung eines Abrisses der vorderen Kreuzbänder

ein deutlich vernehmbares Herzgeräusch erhalten. Die endgültige Diagnose erfolgt anhand einer Ultraschalluntersuchung des Herzens (Echokardiographie) und gewöhnlich auch durch Röntgenaufnahmen.

Für die Behandlung gibt es keine standardisierte Form. Bei Hunden mit nur leichtem Krankheitsverlauf wird in der Regel keine Behandlung eingeleitet. In schwe-

besteht generell aus einem chirurgischen Eingriff. Eine Studie hat ergeben, daß bei 50% aller Rottweiler mit einem solchen Krankheitsbild beide Kniegelenke in Mitleidenschaft gezogen sind. Bei manchen Blutlinien tritt diese Krankheit häufiger auf. Vor allem Überbeanspruchung sollte unbedingt vermieden werden.

Die meisten Tierärzte verordnen Stützbandagen oder legen einen Gipsverband an, um das Gelenk während des Heilungsprozesses von zwei bis sechs Wochen nach der Operation vor Überbelastung zu schützen. Werden die Bandagen oder der Gips letztendlich entfernt, ist zu eingeschränkten Aktivitäten wie dem ausschließlichen Laufen an der Leine sowie zu bestimmten Bewegungstherapien wie Schwimmen zu raten.

Degenerative Rückenmarksentzündung

Darunter ist eine Ansammlung von sich langsam entwickelnden, degenerativen Schädigungen der Wirbelsäule zu verstehen. Diese Krankheit ist generell relativ selten, jedoch zählt der Rottweiler zu den wenigen unglücklichen Rassen, die für zwei unterschiedliche Varianten dieses Zustandes anfällig sind. Genauer gesagt, wurden diese eigentlich bei noch keiner anderen Rasse nachgewiesen.

Eine myeloische Leukämie oder chronische Myelose steht für Wucherungen des Knochenmarks und eine stark erhöhte Bildung von weißen Blutkörperchen. Die Krankheit befällt die Wirbelsäule und das Gehirn und manifestiert sich bei Rottweilern im Alter von einem bis drei Jahren. Die Krankheit entwickelt sich langsam über einen Zeitraum von vielen Monaten oder sogar Jahren und führt letztendlich zu spastischen Lähmun-

gen. Diese Krankheit ist jedoch nicht unbedingt typisch für den Rottweiler.

Eine Neuroaxonal-Dystrophie ist eine autosomal rezessiv vererbbare Krankheit, bei der „Spheroide" das Gehirn und die Wirbelsäule durchziehen. Die Krankheit resultiert in einem unbeholfenen Bewegungs-

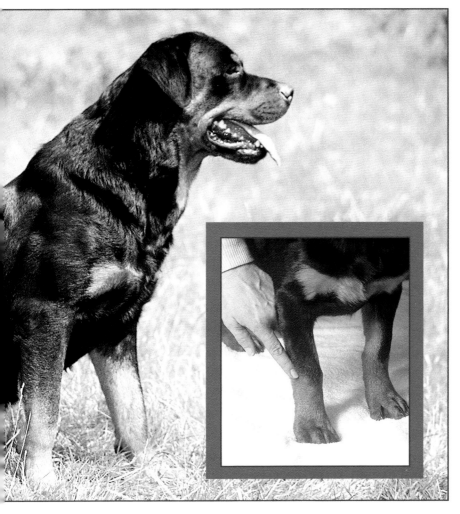

Dieser Rottweiler zeigt einen perfekt entwickelten Körperbau und ist ein echter Prachtbursche. Foto: Robert Smith

Rottweiler sind schnellwüchsige große Hunde. Eine an Kalorien, Calcium und Proteinen reiche Ernährung kann die Entwicklung von ernsten Erkrankungen wie der Ellbogengelenksdysplasie begünstigen.

ablauf aller vier Beine und einem progressiven Kopfzittern.

Keine der beiden Krankheitsformen ist heilbar. Es ist offensichtlich, daß kein derart erkrankter Hund zur Zucht benutzt werden sollte, was auch auf Tiere zutrifft, bei denen die Krankheit zwar nachgewiesen, jedoch bislang nicht zum Ausbruch gekommen ist.

Ellbogengelenksdysplasie (ED)

Diese Erkrankung entsteht durch eine anormale Entwicklung der Elle, einem der Unterarmknochen. Das Resultat ist ein instabiles Ellbogengelenk und damit verbundene Lahmheit. Dieser Zustand wird, genau wie bei der Hüftgelenksdysplasie, durch eine häufige Inanspruchnahme des Gelenks verschlimmert.

Für diesen Zustand ist genaugenommen nicht nur ein Faktor, sondern gleich eine ganze Reihe unterschwelliger Probleme verantwortlich, die das Ellbogengelenk belasten. Dazu gehören neben der oben bereits angesprochenen degenerierten Elle auch eine unvollständig ausgebildete Knochenkrone, die Osteochondrose der medialen Gelenkhöcker der Schulter oder eine unvollständige Verknöcherung derselben. Diese Krankheitsbilder treten am häufigsten bei Junghunden auf, die bereits im Alter zwischen vier und sieben Monaten die ersten Symptome zeigen. Sie äußern sich gewöhnlich durch eine plötzlich eintretende Lahmheit, die durch die anhaltende Entzündung des betroffenen Gelenks später in Arthritis übergeht.

Wird eine Ellbogengelenksdysplasie diagnostiziert können solche Rottweiler für eine verantwortungsvolle Weiterzucht nicht mehr eingesetzt werden. Kaufen Sie jedoch einen Welpen aus der Zucht eines ADRK-Mitgliedes, können Sie sicher sein, daß der Welpe frei von vererbten Gelenkdysplasien ist. Die Tiere werden nach der Geburt untersucht und geröntgt.

Es gibt sichere Hinweise darauf, daß die Osteochondrose der Ellbogengelenke vererbbar ist und vermutlich durch mehrere Gene kontrolliert wird. Beim Rottweiler ist diese Vermutung bereits wissenschaftlich bewiesen. Untersuchungen am Labrador Retriever haben als vorläufiges Ergebnis ebenfalls gezeigt, daß auch hier die Vermutung naheliegt, daß die unterschiedlichen Formen der bei dieser Rasse auftretenden Ellbogengelenksdysplasie unabhängig vererbbar sind. Hunde, deren Testergebnisse negativ sind und die trotzdem Nachkommen mit Anzeichen für diese Krankheiten produzieren, sollten nicht weiterhin zur Zucht verwendet werden.

Es gibt aber auch Anhaltspunkte dafür, daß noch andere Faktoren bei diesen Krankheiten eine Rolle spielen könnten, wie beispielsweise eine sehr kalorienreiche Ernährung, in der auch große Mengen von Kalzium und Proteinen enthalten sind und die die Entwicklung von Osteochondrose bei gefährdeten Hunden fördert. Auch ungeregelte und übertrieben ausgeführte körperliche Aktivitäten können oftmals zu Verletzungen der Knochenknorpel führen und sind somit als Risikofaktoren zu betrachten.

Die Behandlung von Osteochondrose bei Hunden ist ein ausgesprochen kontroverses Thema. Viele Fachleute raten zu einer operativen Entfernung der geschädigten Knorpelteile, um dadurch einer permanenten Schädigung vorzubeugen. Andere wieder empfehlen die Anwendung von konservativen Therapien, die auf viel Ruhe und schmerzstillenden Medikamenten beruhen. Das am häufigsten verabreichte Mittel ist dabei Aspirin. Die meisten Tierärzte sind sich darin einig, daß die Anwendung von kortisonartigen Verbindungen mehr Probleme verursacht als bei der Behandlung behoben werden. Es steht jedoch in jedem Fall fest, daß einige Hunde auf solche Behandlungsmethoden ansprechen, während andere eindeutige Kandidaten für eine Operation sind. Wird ein solcher Eingriff durchgeführt, bevor bereits eine deutliche Dauerschädigung des Gelenkes vorliegt, wird er dem Tier in jeder Beziehung Erleichterung verschaffen.

Blähungen und Magendrehung

Blähungen treten immer dann auf, wenn der Magen mit größeren Luftmengen gefüllt wird. Das Verschlucken großer Luftmengen geschieht meistens dann, wenn der Hund ausgelassen herumtollt, sein Futter gierig hinunterschlingt, hastig trinkt oder unter Streß steht. Obwohl es jederzeit zu Blähungen kommen kann, tritt dieser Zustand dennoch am häufigsten bei älteren und dazu neigenden Hunden auf. Erstaunlicherweise liegt die Wahrscheinlichkeit für Blähungen bei rassereinen Hunden dreimal höher als bei Mischlingen. Trotzdem der Rottweiler eine Neigung zu Blähungen zeigt und auch gelegentlich zu den Rassen gezählt wird, die am anfälligsten für diesen Zustand sind, haben jüngste Untersuchungen ergeben, daß der Rottweiler eigentlich nicht anfälliger als andere Rassen mit tiefem Brustkorb ist. Dazu gehören unter anderen auch die Deutsche Dogge, der Weimaraner, Bernhardiner, Irish Setter, Gordon Setter, Boxer und die Großpudel. Blähungen sind allgemein betrachtet lediglich unangenehm, es sind eher die möglichen Konsequenzen, die daraus einen lebensbedrohenden Zustand machen. Befindet sich zuviel Luft im Magen, die diesen wie einen Ballon aufbläht, kann es zu einer Magenverdrehung oder -verschlingung kommen, wodurch beide Magenöffnungen blockiert sowie die Blutzufuhr zum Magen und anderen Verdauungsorganen unterbrochen wird. Eine solche Magendrehung verschlimmert nicht nur die Blähungen, sondern ermöglicht dazu noch die Freisetzung von Giften und deren Einleitung in den Blutkreislauf wie auch das Absterben von blutabhängigem Gewebe. Wird diesem Entwicklung nicht umgehend entgegengewirkt, resultiert das Ganze innerhalb von vier bis sechs Stunden im Tod des Hundes.

Durchschnittlich gesehen sterben etwa ein Drittel aller Hunde, die unter einer Magenverdrehung leiden selbst noch in der Tierklinik unter fachärztlicher Versorgung. Anzeichen für einen solchen Zustand sind allgemeines Unwohlsein, Ruhelosigkeit oder Apathie und ein aufgeblähtes Abdomen. In einem solchen Zustand benötigt der Hund umgehend tierärztliche Hilfe, denn es besteht eine akute Schock- und Lebensgefahr. Es stehen eine Reihe unterschiedlicher Operationsmethoden zur Auswahl, um einen verdrehten Magen wieder in seine korrekte Lage zu bringen. Außerdem ist eine intensive medizinische Therapie gegen Schock, eine Übersäuerung und die Wirkung der freigesetzten Gifte erforderlich.

Blähungen lassen sich nicht völlig verhindern, jedoch kann einiges dazu getan werden, um das Risiko so weit wie möglich einzudämmen. Dazu gehört auch, daß Sie den vollen Freßnapf nicht irgendwo herumstehen lassen, damit sich der Hund bedienen kann, wann immer er dazu Lust verspürt. Außerdem ist die Einteilung der täglichen Futterration in drei oder mehr Portionen von Vorteil. Weitere Hinweise zu diesem Thema konnten bereits im Kapitel „Ernährung" nachgelesen werden. Hunde mit denen gearbeitet wird ist außerdem unbedingt darauf zu achten, daß zwischen der letzten Fütterung und dem Beginn der Trainingsstunde mindestens fünf Stunden liegen. Die Aufregung und körperliche Anstrengung während des Trainings stellen ein nicht zu unterschätzendes erhöhtes Risiko für eine Magendrehung dar. Obwohl einige Hunde, darunter auch der Rottweiler, Probleme bei der vollständigen Verdauung von Soja haben, ist die Behauptung, daß mit Soja angereichertes Futter die Bildung von Blähungen fördern würde, bisher völlig unbestätigt – Blähungen entstehen beim Hund durch verschluckte Luft und nicht durch im Verdauungssystem produzierte Gase.

Hüftgelenksdysplasie (HD)

Das Auftreten von Hüftgelenksdysplasie ist für insgesamt 79 Hunderassen nachgewiesen. Es handelt sich hierbei um eine genetisch bedingte Mißbildung der Gelenkkugel und der Gelenkpfanne mit klinischen Anzeichen für keine bis schwere Hüftlahmheit. Die ersten Symptome können sich bereits sehr früh in einem Alter von nur fünf Monaten bemerkbar machen, jedoch kommt es nicht selten vor, daß das erst im Alter von zwei Jahren der Fall ist. Die Feststellung der Krankheit kann durch einen DNA-Test oder bei bereits erwachsenen Hunden auch anhand von Röntgenaufnahmen erfolgen.

Die krankhafte Veränderung des Gelenks beginnt innerhalb der ersten 24 Lebensmonate, in denen sich dann entscheidet, ob und in welcher Schwere die Krankheit zum Tragen kommt. Die Erbmasse dieser Hunde ist jedoch in jedem Fall vorbelastet, was sie automatisch aus der weiteren Zucht ausschließt. Die Befunde werden in fünf Grade eingeteilt (HD-A bis HD-E). Heute ist es anhand verschiedener Faktoren möglich zu beurteilen, ob sich bei einem Hund mit nachgewiesenen Anzeichen für Hüftgelenksdysplasie die Krankheit auch letztlich entwickeln wird. Zu den dabei zu beurteilenden Faktoren gehören

Röntgenaufnahme eines Hundes mit Hüftgelenksdysplasie. Beachten Sie die abgeflachte Gelenkkugel.

die Körpergröße, der Körperbau, Wachstumsmerkmale sowie der Kaloriengehalt und das Elektrolytgleichgewicht in der Ernährung des betreffenden Tieres. Rottweiler werden allgemein zu den Rassen gezählt, die als für Hüftgelenksdysplasie anfällig gelten. Dies gilt jedoch nicht für in Deutschland gezüchtete Rottweiler. Basierend auf den jüngsten Forschungsergebnissen der OFA (Orthopedic Foundation for Animals in den USA) mit Stand Januar 1995, wurden 22% aller dort getesteten Rottweiler mit klaren Anzeichen für

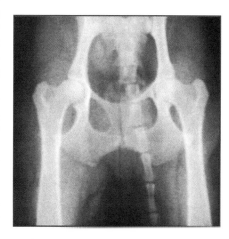

Hüftgelenksdysplasie diagnostiziert. Damit wird bestätigt, daß innerhalb der Rasse seit 1970 ein Rückgang der Krankheit um 20-30% zu verzeichnen ist. Das sind durchaus gute Nachrichten, jedoch sind die Züchter von Rottweilern dennoch weit davon entfernt, ihre Zuchtlinien als „sauber" bezeichnen zu können.

Bei der Auswahl eines Rottweilers sollten Sie sich unbedingt vergewissern, daß beide Elterntiere nachweislich frei von Anzeichen für Hüftgelenksdysplasie sind. Erwer-

Hund mit Veran-
lagung zu Hüft-
gelenksdysplasie
sollten kein Fut-
ter mit hohem
Proteingehalt
bekommen.
Mahlzeiten, die
auf mehrere Por-
tionen den
ganzen Tag über
verteilt werden,
sind ebenfalls
besser für diese
Tiere.
Foto: Robert
Smith

ben Sie dennoch einen Welpen mit einer Veranlagung (z.B. Grad B oder C) für diese Krankheit, können Sie einiges dafür tun, um das Risiko von klinischen Anzeichen einzudämmen. Sie sollten beispielsweise ein Futter mit einem nicht zu hohen Proteingehalt auswählen und die Super-Premium-Marken sowie solche mit hohem Kaloriengehalt meiden. Außerdem sollten Sie generell mehrere kleine Mahlzeiten am Tag verabreichen und auf alle zusätzlichen Nährstoffbeigaben wie Kalzium-, Phosphor- und/oder Vitamin D-Supplemente verzichten. Ein weiterer Punkt sind kontrollierte Aktivitäten mit dem Welpen wie Spaziergänge an der Leine, anstatt den Hund ausgelassen herumtollen und/oder sogar auf, über oder von Dingen springen zu lassen. Dadurch würden die noch im Wachstum befindlichen Gelenke über Gebühr belastet und die bereits vorhandene Neigung zu akuter Hüftgelenksdysplasie begünstigt.

Die Tatsache, daß Sie vielleicht einen Hund mit Hüftgelenksdysplasie besitzen, bedeutet jedoch noch nicht, daß alles verloren ist und Sie das Tier besser einschläfern lassen sollten. Die klinische Präsentation dieser Krankheit ist ausgesprochen variabel. Es kann sogar passieren, daß Hunde mit einer schweren HD-E Diagnose kaum durch Schmerzen beeinträchtigt werden, wohingegen andere mit nur einer nachgewiesenen Veranlagung unter Umständen häufiger und unter heftigen Schmerzen leiden. Der eigentlich ausschlaggebende Punkt bei dieser Erkrankung ist der, daß die Dysplasie der Hüftgelenke die Entstehung von degenerativen Gelenkkrankheiten wie der Arthritis oder Arthrose begünstigt, die letztendlich in der völligen Unbrauchbarkeit der Gelenke resultieren. In einem

frühen Stadium sind Medikamente wie Aspirin und andere entzündungshemmende Mittel hilfreich, jedoch ist eine Operation bei Fällen mit starken Schmerzen, einer erheblichen Beeinflussung der Bewegungsabläufe oder keiner Reaktion auf verabreichte Medikamente unumgänglich.

Schilddrüsenunterfunktion

Solche hormonellen Funktionsstörungen der Schilddrüse konnten bei mehr als 50 Hunderassen nachgewiesen werden. Es ist die am häufigsten auftretende Drüsenerkrankung bei Hunden im Allgemeinen und beim Rottweiler im Besonderen. Die Krankheit entsteht durch eine Unterfunktion der Schilddrüse, das heißt, durch eine Unterproduktion der Schilddrüsenhormone. Verantwortungsbewußte Züchter lassen ihre Hunde daraufhin untersuchen, sobald sie feststellen, daß eine derartige Krankengeschichte in der gesamten Rasse oder einer speziellen Zuchtlinie vertreten ist.

Die Krankheit beginnt ihre Entwicklung am häufigsten in einem Alter zwischen einem und drei Jahren, macht sich jedoch meistens erst viel später durch klinische Anzeichen bemerkbar. Leider sind diese Krankheit betreffend, eine ganze Reihe von Falschinformationen in Umlauf. Viele Hundehalter glauben beispielsweise, daß ein derart erkrankter Hund plötzlich zu Übergewicht neigen müsse und ignorieren deshalb alle anderen Symptome. Tatsächlich ist das Krankheitsbild aber sehr variabel, und Übergewicht tritt nur sehr selten in Erscheinung. In den meisten Fällen erscheinen die Hunde kerngesund bis der Großteil ihrer Schilddrüsenhormone aufgebraucht ist und sich die ersten Symptome wie ein Mangel an Energie und periodisch auftretende Infektionen einstellen. Bei einem Drittel aller Krankheitsfälle ist auch Haarausfall festzustellen.

Im Allgemeinen wird angenommen, daß die Diagnose in einem solchen Fall recht einfach sei, jedoch entspricht das nicht ganz den Tatsachen. Der Körper verfügt über ziemlich große Reserven von Schilddrüsenhormonen, so daß eine einfache Blutuntersuchung zur Feststellung des Hormongehaltes nicht zuverlässig ist. Stimulationstests der Schilddrüse sind dagegen der bessere und effektivere Weg zu einer Früherkennung. Gerade weil der Rottweiler so anfällig für solcherlei Funktionsstörungen der Schilddrüse ist, sind regelmäßige Tests besonders wichtig. Obwohl keine dieser Untersuchungen wirklich hundertprozentig zuverlässig ist, geben sie doch wertvolle Hinweise auf vorhandene Anzeichen einer solchen Krankheit und ermöglichen so ein vorbeugendes Eingreifen.

Die Behandlung einer Schilddrüsenunterfunktion ist problemlos und nicht besonders teuer, indem dem Tier täglich angemessene Mengen von funktionsregulierenden Medikamenten verabreicht werden. Wird die Erkrankung nicht behandelt, kann das Tier unter ernsten Beschwerden leiden, die seine Gesundheit auf längere Sicht völlig ruinieren werden. In jedem Fall sind derart erkrankte Hunde von der Zucht auszuschließen.

Die im Nachfolgenden aufgelisteten Symptome können neben den bereits erwähnten in diesem Krankheitsfall auftreten, müssen jedoch nicht zwingendermaßen auf eine Schilddrüsenunterfunktion zutreffen, sondern können ebensogut Anzeichen für eine Erkrankung ganz anderer Art sein: Lethargie, Bewegungsunlust, Gewichtszunahme, neurologische Anzeichen wie Polyneuropathie und Anfälle, Kälteempfindlichkeit, Gemütsschwankungen, Übererregbarkeit, Wachstumsstillstand, chronische Infektionen sowie gelegentlich auftretende Verhaltensstörungen.

Osteochondrose

Bei dieser bereits mehrfach im Text erwähnten Krankheit handelt es sich um eine genetisch bedingte Degeneration der Knochen und Knorpel. Sie tritt am häufigsten bei Junghunden auf und zeichnet sich

Wildes, unkontrolliertes Herumrennen kann bei durch Ellbogengelenksdysplasie gefährdeten Rottweilern das Risiko für einen Krankheitsausbruch erhöhen, denn sie sind anfälliger für Knorpelverletzungen.

dadurch aus, daß sich die Knorpelzellen nicht korrekt mit den Knochen verbinden können. Das resultiert wiederum an den betroffenen Stellen in Knorpelwucherungen, die sehr anfällig für Verletzungen sind, da diese keine feste Verbindung mit dem Knochen haben. Obwohl diese Erkrankung als Osteochondrose, also als eine degenerative Schädigung von Knochen (Osteo-) und Knochenknopeln bezeichnet wird, handelt es sich hier definitiv um schadhafte Knochenknorpel und nicht um die eigentlichen Knochen.

In dem Moment, in dem die Krankheit zu exponierten Knorpelwucherungen am Gelenk führt, sind Entzündungen die Folge. Die infrage kommenden Auslöser sind in

Die Diagnose – Schilddrüsenunterfunktion ist nicht einfach zu stellen, da der Körper über eine große Reserve von Schüddrüsenhormonen verfügt. Regelmäßige Tests sind der beste Weg zur Früherkennung.

Wie bei allen Krankheiten die den Knochenbau betreffen, wird auch bei der Osteochondrose vermutet, daß eine zu kalorienreiche, mit zu hohem Calciumanteil so wie proteinreiche Ernährung die Entwicklung der Krankheit bei gefährdeten Hunden begünstigt.
Foto: Robert Smith

den meisten Fällen Trauma, Nährstoffmangel und vererbte Anomalien. Auch hier wird stark vermutet, daß eine kalorienreiche Ernährung mit einem zu hohen Kalzium- und Proteingehalt die Entwicklung der Krankheit, bei gefährdeten Hunden begünstigt. Außerdem besteht bei diesen Hunden jeder Zeit eine erhöhte Gefahr für Knochenknorpelverletzungen, werden ihnen unkontrollierte Aktivitäten wie Springen und wildes Herumrennen erlaubt.

Beim Rottweiler treten die ersten klinischen Anzeichen meistens im Alter zwischen vier und sieben Monaten auf. Im Frühstadium der Krankheit sind noch keine Symptome erkennbar. Erst wenn sich die ersten Einschnitte zwischen Knorpel und Knochengelenk zeigen und es somit zu einer Entzündung kommt, machen sich auch die ersten Symptome bemerkbar. Diese äußern sich in plötzlicher Lahmheit. Im weiteren Krankheitsverlauf resultieren die anhaltenden Entzündungen der betroffenen Gelenke in Arthritis.

Eine Osteochondrose der medialen Gelenkhöcker der Schulter oder eine unvollständige Verknöcherung derselben, ist bei Hunden die vermutlich am häufigsten auftretende Form der Krankheit. Die meisten Fälle sind bei Welpen in einem Alter von weniger als sieben Monaten zu verzeichnen, wobei die Krankheit bei etwa einem Drittel der Fälle erst im Alter von einem Jahr erkannt wird. Das klassische Symptom ist auch hier Lahmheit, allerdings ist anfänglich meistens nur ein Bein betroffen. In 50% der Fälle werden letztendlich jedoch beide Vorderbeine in Mitleidenschaft gezogen. Wird die Erkrankung nicht behandelt, kommt es in der Folge zur Entwicklung von Arthritis, die das Gelenk schließlich völlig unbrauchbar macht.

Die Osteochondrose des Ellbogens wird nach drei verschiedenen Krankheitsbildern unterschieden – der Nichtverbindung zwischen Knorpel und Knochen, der fragmentösen Ausbildung der Knochenkrone und der medialen Dystrophie der Gelenkhöcker. Die meisten Züchter bezeichnen diese unterschiedlichen Krankheitsformen einfach als Ellbogengelenksdysplasie, weshalb sie an dieser Stelle als eigenständige Erkrankungen Erwähnung finden.

Auch wildes Herumspringen oder Rennen und andere unkontrollierte Aktivitäten sind nicht für Rottweiler mit Veranlagung zu Osteochondrose. Es besteht die Gefahr einer Knorpelverletzung.
Foto: R. Klaar

Die Osteochondrose der Hinterbeine wird weniger häufig als die der Vorderbeine diagnostiziert. Eine Erklärung für diese Tatsache kann der Umstand sein, daß eine solche Erkrankung der Hinterbeine oftmals spontan heilt und somit seltener registriert wird. Ein Befall des Sprunggelenks oder der Kniegelenkgalle tritt bei Rottweilern am häufigsten auf und ist deshalb von einiger Wichtigkeit für uns.

Ein Verdacht auf eine Erkrankung dieser Art ist immer dann begründet, wenn ein Welpe

Obwohl eine röntgenologische Untersuchung in der Regel relativ kostspielig ist, sollten Sie dennoch beide Beine röntgen lassen, um die Aufnahmen miteinander vergleichen und rechtzeitig feststellen zu können, ob Anzeichen für einen Übergriff auf das zweite Bein vorhanden sind. Außerdem sollten ebenfalls Aufnahmen aller anderen Gelenke des betroffenen Beins (Ellbogen-, Schulter- und Kniegelenk) angefertigt werden, denn so läßt sich frühzeitig eine Ausbreitung der Krankheit erkennen.

Mit Netzhautatrophie diagnostizierte Rottweiler werden letztendlich blind, denn es gibt keine Heilungsmethode.

aus einer gefährdeten Zuchtlinie plötzlich unter einer schmerzhaften Lahmheit leidet. Solche Hunde werden nach den Zuchtbestimmungen des ADRK von der Zucht ausgeschlossen. Eine vorsichtige Untersuchung durch einen Tierarzt bringt dann meistens die Bestätigung, wobei Röntgenaufnahmen in jedem Fall hilfreich sind.

Desweiteren empfiehlt sich auch eine röntgenologische Untersuchung der Hinterbeine. Knorpelwucherungen an den Sprunggelenken treten beim Rottweiler am häufigsten auf, sind der Rasse jedoch schwer nachzuweisen, weil das gewöhnlich durch andere anatomische Strukturen sehr erschwert wird. Bei dieser Krankheitsform werden im Gegensatz zu den anderen auch oft die Knochen selbst in Mitleidenschaft gezogen. Eine Möglichkeit zur einwandfreien Diagnose und gleichzeitig effektiven Behandlung bietet eine Arthroskopie der Hinterbeine.

Das generelle Auftreten von Osteochondrose bei Hunden ist ein häufig diskutiertes Thema unter Fachleuten. Einige raten zur Operation noch bevor es zu irreparablen Dauerschäden kommt. Andere wieder bevorzugen die Behandlung mit Schmerzmitteln und verordnen Ruhe. Jede dieser Behandlungsmethoden hat ihre Vorzüge, es bleibt jedoch eine eindeutige und unbestreitbare Tatsache, daß manche Hunde auf Medikamente ansprechen, wohingegen für andere die Operation die einzige Möglichkeit ist. Zur Zeit sind experimentelle Versuche mit einem neuen Mittel im Gange, das jedoch noch nicht zur offiziellen Anwendung freigegeben wurde. Polysulfat-Glycosaminglykosat ist ein natürliches Produkt, das die Knochenknorpelmasse schützt und sogar reparieren kann. Das Mittel wird den Testhunden alle vier Tage in sechs Dosierungen und anschließend im Bedarfsfall alle vier bis sechs Wochen intramuskulär injiziert. Die Ergebnisse sind bisher recht vielversprechend.

Kartagener Syndrom

Das Kartagener Syndrom ist eine Krankheit, bei der die haarartigen „Wimpern" (Cilien) im Atmungstrakt ihrer Abwehrfunktion gegen das Eindringen von Fremdkörper nicht mehr nachkommen können. Das Ergebnis daraus sind chronische Atemwegsinfektionen. Da der Schwanz von Spermien ebenfalls aus solchen modifizierten Wimpernhärchen besteht, kann dieser Zustand auch in einer Unfrucht-

barkeit ausarten. Das Kartagener Syndrom wird aller Wahrscheinlichkeit nach beim Menschen in Form von autosomal rezessiven Merkmalen vererbt, was bei Hunden bislang nicht bestätigt werden konnte.

Das am häufigsten auftretende Symptom dieser Krankheit sind immer wiederkehrende Infektionen der Atemwege, weshalb betroffene Hunde oft husten, unter einer laufenden Nase, auffälliger Bewegungsunlust und zeitweiligem Fieber leiden. Eine daraus entstehende Bronchitis oder Lungenentzündung ist nicht selten der Fall. Die Schwänze der Spermien bestehen, wie bereits erwähnt, aus modifizierten Wimpernhärchen, weshalb viele an dieser Krankheit leidende Rüden auch gleichzeitig unfruchtbar sind.

Bei ungefähr der Hälfte aller betroffenen Hunde befinden sich die inneren Organe in der verkehrten Körperhälfte. Einige sind sogar taub, leiden unter Mittelohrentzündungen und einer Unterproduktion der weißen Blutkörperchen, die zum Bekämpfen von Infektionen benötigt werden.

Der beste Weg zum Erkennen des Kartagener Syndroms sind spezielle Biopsien. Dazu kann ein Rasterelektronenmikroskop verwendet oder auch andere Techniken eingesetzt werden. Bei Junghunden, die wiederholt unter Atemwegsinfektionen leiden und zwar auf verabreichte Antibiotika ansprechen, jedoch kurz nach dem Absetzen des Medikamentes einen Rückschlag erleiden, besteht ein begründeter Verdacht für eine Diagnose mit dem Kartagener Syndrom. Bei erwachsenen Rüden kann auch eine Spermienuntersuchung Aufschluß über die Krankheit geben. Allerdings ist diese Methode nicht in jedem Fall zuverlässig, denn ein erkrankter Hund kann trotzdem, wenn auch nur in wenigen Fäl-

Die Folge einer Atrophie der Wirbelsäulen- muskulatur ist eine vergrößerte Speiseröhre. Diese Krankheit ist nur vom Rott- weiler bekannt.

len, normal erscheinende Spermien aufweisen. In etwa 50% aller Fälle wird eine Röntgenaufnahme der Brust ergeben, daß das Herz des betreffenden Hundes rechts anstatt links im Brustkorb liegt.

Für das Kartagener Syndrom gibt es keine Heilungsmöglichkeit. Eine symptomatische Therapie beinhaltet die periodische Verabreichung von speziellen Antibiotika. Hustenblocker sollten nicht eingesetzt werden, denn sie haben einen negativen Einfluß auf den bereits geschädigten Abwehrmechanismus des Tieres. Können die Infektionen relativ gut unter Kontrolle gehalten werden, sind derart erkrankte Hunde in der Lage, ein wenigstens einigermaßen normales Leben zu führen. In jedem Fall aber sind sie und die Mitglieder ihrer Zuchtlinie von der Zucht auszuschließen.

Progressive Retinaatrophie (PRA)

Bei dieser Krankheit haben wir es mit einer stetig voranschreitenden Verringerung der Sehfähigkeit zu tun, die in völliger Blindheit endet. Der Auslöser ist ein defektes Gen, das

bereits bei mindestens einer der betroffenen Rassen entdeckt und identifiziert werden konnte. Im Gegensatz zu einigen anderen Erbkrankheiten sind hier innerhalb der Hunderassen unterschiedliche spezifische Erbgutmerkmale und Altersstufen beim Krankheitsausbruch erkennbar. Das beim Rottweiler verantwortliche Gen konnte noch nicht einwandfrei identifiziert werden.

... und denken Sie dran

Werden Sie auf Abweichungen im normalen Verhalten Ihres Hundes aufmerksam, zögern Sie nicht, umgehend Ihren Tierarzt aufzusuchen. Eine rechtzeitig erkannte und behandelte Krankheit ist meistens schnell wieder vergessen - verschleppte Krankheitssymptome machen eine korrekte Diagnose schwierig und verlängern den Heilungsprozeß erheblich.

Bei der Netzhautatrophie passen sich die Hunde dem langsamen Verlust der Sehfähigkeit an. Dadurch wird die Krankheit erst relativ spät bemerkt.
Foto: Archiv bede-Verlag

Die Netzhauterkrankungen umfassen degenerative als auch dysplastische Varianten. Das mag etwas verwirrend klingen, jedoch ist es wichtig zu verstehen, daß auffallend viele unterschiedliche Probleme in einer Netzhautatrophie resultieren können. Die Netzhautdysplasie ist auf eine Deformation im Netzhautgewebe zurückzuführen, die während der embryonalen Entwicklung entsteht. Sie ist bei Rottweilern häufiger zu diagnostizieren.

Die Diagnose kann anhand von zwei Untersuchungsmethoden erstellt werden – die erste ist eine direkte Visualisation der Netzhaut, die andere eine Elektroretinographie.

Eine indirekte Ophthalmoskopie erfordert viel Training und die Erfahrung eines Experten, weshalb diese Untersuchungstechnik meistens nicht von „normalen" Tierärzten, sondern fast ausschließlich von Augenspezialisten durchgeführt wird. Die Elektroretinographie ist ebenfalls eine knifflige Sache und wird gewöhnlich auch nur von Spezialisten angewandt. Die Untersuchung ist schmerzlos, und das verwendete Instrument sensibel genug, um selbst die frühesten Anzeichen der Krankheit zu erkennen.

Das Krankheitsbild zeigt eine progressive Athrophie (Schwund) des Netzhautgewebes. Der Verlust der Sehfähigkeit geht langsam aber stetig voran, weshalb sich viele Hunde oft an ihre verminderte Sehfähigkeit anpassen, bis sie letztlich fast völlig blind sind. Aus diesem Grunde wird die Krankheit oftmals erst dann vom Halter entdeckt, wenn sie schon sehr weit fortgeschritten ist.

Leider gibt es für die Netzhauterkrankungen derzeit noch keine effektive Behandlung, was zu Folge hat, daß alle betroffenen Hunde letztendlich erblinden. Gerade deshalb ist die Früherkennung der Krankheit besonders wichtig, denn nur so kann verhindert werden, daß sie durch vorbelastete Elternteile weitervererbt wird. Obwohl die Früherkennung anhand von DNA-Tests heute schon bei einigen Rassen möglich ist, handelt es sich dennoch um eine teure Untersuchung, die in speziellen Laboratorien vorgenommen werden muß und die sich nicht jeder Züchter oder Halter leisten kann. Bei anderen Rassen wie auch beim Rottweiler, bei denen das verantwortliche Gen noch nicht isoliert werden konnte, bleiben nur die vorher erwähnten Augenuntersuchungen durch den Spezialisten.

Retinadysplasie

Wie bereits weiter oben erwähnt, handelt es sich bei der Retinadysplasie um eine von Geburt an abnormal entwickelte Netzhaut. Vermutlich ist die Krankheit ein autosomal rezessiv vererbbares Merkmal, was anders ausgedrückt heißt, daß beide Elternteile Träger der Krankheit sein müssen, um sie auf ihre Welpen vererben zu können. Erfreulicherweise kann dieser Erbfehler bereits in dem Moment entdeckt werden, wenn der Welpe seine Augen öffnet, also in einem Alter von zwei bis drei Wochen. Das gesamte Ausmaß der Schädigung kann jedoch erst mit drei bis vier Monaten eindeutig bestimmt werden, wenn die Netzhaut vollständig ausgewachsen ist. Obwohl es keine Heilung für diese Krankheit gibt, kann gesagt werden, daß glücklicherweise nicht alle Fälle mit einer Erblindung enden. Derart erblich vorbelastete Rottweiler dürfen selbstverständlich nicht zur Zucht benutzt werden.

Atrophie der Wirbelsäulenmuskulatur

Hier sprechen wir von einer seltenen Krankheit, die aber dennoch erwähnt werden muß, da sie wenn, dann ausschließlich bei Rottweilern auftritt. Die Krankheit bricht im frühen Alter von nur vier Wochen aus. Die befallenen Tiere weisen eine durch die degenerierte Wirbelsäulenmuskulatur vergrößerte Speiseröhre auf und neigen deshalb dazu, ihr Futter wieder auszuwürgen. Im Alter von acht Wochen tritt eine Schwäche der Hinterbeine auf, von der letztlich auch die Vorderbeine befallen werden. Gewöhnlich werden diese Welpen nicht älter als ein paar Monate. Rottweiler, die aus einer derart gefährdeten Zuchtlinie stammen, sind unbedingt von der Zucht auszuschließen.

Von Willebrand-Krankheit

Diese Krankheit wurde bereits bei mehr als 50 Rassen nachgewiesen und sie gilt als die häufigste Bluterkrankheit bei Hunden überhaupt ist erfreulicherweise heilbar. In Deutschland ist diese Krankheit nicht sehr weit verbreitet, wir möchten aber dennoch darauf hinweisen.
Das dafür verantwortliche geschädigte Gen kann von einem oder beiden Elterntieren vererbt werden. Sind beide Elternteile Träger des Gens, sind deren Welpen meistens nicht lebensfähig und sterben schon bald nach der Geburt.
Die Krankheit zeichnet sich durch mäßig starke bis unkontrollierbar schwere Blutungen aus, für die eine mehr oder minder verringerte Gerinnungsfähigkeit des

Rottweiler-Welpen von verantwortungsbewußten Züchtern werden kaum an irgendwelchen Erbkrankheiten erkranken. Schauen Sie sich die Papiere Ihres ausgewählten Welpen genau an: Hat der Welpe alle Impfungen erhalten, Wurmkuren sind durchgeführt worden.
Foto: bede-Verlag

Amaurose (Schwarzer Star)

Grauer Star

Wolfsrachen

Diabetes

Anomaler Wimpernwuchs

Einwärtsdrehung der Augenlider

Colobomie der Regenbogenhaut

Zysten auf der Regenbogenhaut

Macroblepharie

Überbiß

Unterbiß

Microphthalmie

Muskeldystrophie

Oligodontie

Anfälligkeit für Parvovirose

Nickhautvorfall

Geschwürbildung auf der Hornhautoberfläche

Retinadysplasie

Progressive Retinaatrophie

Vitiligo (Depigmentierung der Haut)

Schiefmaul

Andere häufiger auftretende Erkrankungen beim Rottweiler

Blutes verantwortlich ist. Die Schwere der Krankheit ist sehr variabel – ein Welpe verfügt vielleicht nur über eine Blutgerinnungsfähigkeit von 15%, wohingegen ein anderer mit derselben Krankheit 60% aufweisen kann. Umso höher dieser Prozentsatz ist, desto unwahrscheinlicher ist es, daß die Krankheit frühzeitig erkannt wird, denn spontane Blutungen sind gewöhnlich erst ab einem Prozentsatz von unter 30% zu erwarten. Daher wird bei vielen Hunden erst diese Krankheit diagnostiziert, wenn sie durch eine Operation wie z.B. eine Kastration zutage tritt. In solchen Fällen kommt es dann während des Eingriffs zu unkontrollierbaren Blutungen oder zu Blutergüssen (Hämatomen) an der Operationsstelle.

Die Erkrankung geht häufig mit einer Schilddrüsenunterfunktion einher. Diese Kombinationsform ist oft bei Rottweilern festzustellen, die älter als fünf Jahre sind. Bei wirklich schweren Funktionsstörungen der Schilddrüse kann eine Operation erforderlich werden, der in der Regel eine Bluttransfusion vorangeht. Die Heilung der Krankheit ist in vielen Fällen durch Transfusionen mit dem Blut gesunder Hunde möglich.

Wie Sie Ihren Rottweiler vor Parasiten und Mikroben schützen

Zu der Gesunderhaltung eines Rottweilers gehört auch ein effektiver Schutz vor Parasiten und pathogenen Mikroben. Obwohl eine ganze Reihe von Medikamenten zur Behandlung solcher Gesundheitsprobleme erhältlich ist, sind vorbeugende Maßnahmen auch hier der sicherste und preiswerteste Weg. Die wirksamsten Vorsorgemaßnahmen zu kennen bedeutet, Ihnen und dem Hund Ärger und vor allem ihm den quälenden Juckreiz zu ersparen.

Flöhe

Hier handelt es sich nicht nur um den unangenehmsten Außenparasiten für Hunde, sondern auch um eine Plage für den Halter – allerdings nicht für jeden, denn Flöhe sind kein Muß.

In regenreichen Jahren kann es jedoch zu regelrechten Flohepidemien kommen, die nicht nur den Hunden furchtbar zu schaffen machen – diese Plagegeister beschränken sich in einer solchen Situation nicht nur auf den Hundekörper und seinen Schlafplatz, sondern verbreiten sich in kurzer Zeit über das gesamte Haus, nisten sich in Teppichen, Polstermöbeln und Betten ein und machen in ihrer Blutgier vor nichts und niemandem halt.

Die althergebrachte Weisheit, daß nur ungepflegte Hunde von Flöhen befallen werden, trifft keinesfalls zu. Der Floh fühlt sich in jeder Situation wohl, solange er nur seinen Hunger nach Blut stillen kann. Erste Hinweise auf einen Flohbefall sind zunächst ein auffälliger Juckreiz und dem entsprechend häufiges Kratzen. Auf der Haut sind dann bis zu linsengroße, geschwollene und gerötete Flohbisse erkennbar.

Die von den Flöhen bevorzugten Stellen befinden sich vorallem in der Kopf-Halsregion, an der Kruppe sowie auch an den Innenflächen der Hinterbeine, in den „Achselhöhlen" und den Ohrinnenseiten.

Durch das ständige Kratzen kommt es zu Entzündungen der Bißstellen, die so den geeigneten Nährboden für Sekundärinfektionen bieten. Durch das Kratzen wird der Kot des Flohs in die Wunde gerieben, oder er wird sogar gefressen, wenn das Kratzen mit den Zähnen erfolgt. So kommt es dann zur Infektion mit dem Hundebandwurm.

Die meisten Hunde reagieren auf einen Flohbiß allergisch. Das heißt, genaugenommen ist nicht der Biß, sondern der Speichel des Flohs der Auslöser einer allergischen Reaktion, die oftmals zu so schweren Infektionen der Bißwunde führen kann, daß eine ärztliche Behandlung erforderlich wird. Aus diesem Grunde ist es ratsam, vom zeitigen Frühjahr bis in den Herbst hinein zu entsprechenden Vorsorgemaßnahmen zu greifen. Es sind zahlreiche effektive Produkte erhältlich, die vom Anti-Floh- und Zeckenshampoo bis hin zu speziellen Flohpudern, -sprays oder -bädern reichen. Regelmäßig angewendet schützen sie den Hund vor Flohattacken und ersparen ihm so diese äußerst unangenehme Erfahrung. Ein Flohkamm ist nicht die schlechteste Lösung. Sie bürsten bevorzugt den Schwanz, den Kragen, die „Achselhöhlen", den Rücken sowie die Hals- und Brustregion aus. Die so mit den losen Haaren herausgebürsteten Flöhe werden am besten

Gegen Parasiten sind vorbeugende Maßnahmen, wie immer bei Gesundheitsproblemen, der sicherste und preiswerteste Weg. In diesem Fall ersparen Sie Ihrem Hund vor allem quälenden Juckreiz.

Flöhe befallen nicht nur ungepflegte Hunde. Solange der Floh seinen Hunger nach Blut stillen kann, fühlt er sich überall wohl und macht in seiner Blutgier auch vor Menschen nicht halt. Foto: R. Klaar

in Alkohol getaucht, wo sie schnell sterben und nicht mehr entweichen können. Nicht besonders effektiv sind hingegen die bekannten „Anti-Floh-Halsbänder", die bei langhaarigen Hunden kaum einen Erfolg erzielen und bei kurzhaarigen lediglich den Bereich um den Kopf herum schützen. Außerdem werden durch ein solches Halsband nur die Flöhe, jedoch nicht deren Eier getötet. Tierärzte bieten allerdings, wenngleich etwas teurere, dafür aber bedeutend wirkungsvollere Flohhalsbänder an.

Sehr gut wirksam sind die Shampoos, was allerdings voraussetzt, daß das Tier auch regelmäßig gebadet wird. Ebenfalls zu empfehlen sind verschreibungspflichtige Mittel, die auf die Haut geträufelt werden und bis zu vier Wochen wirksam sind, vorausgesetzt, der Hund wird nicht zwischendurch gebadet oder durch Regen bis auf die Haut durchnäßt. Allerdings muß hier unbedingt verhindert werden, daß die stark giftige Flüssigkeit vom Hund abgeleckt wird. Bewährt haben sich auch Mittel in Puderform, die im Bedarfsfall alle ein bis zwei Wochen in das Fell eingerieben werden und so auf die Haut gelangen. Auch wenn das Fell dadurch im ersten Moment etwas „staubig" und stumpf erscheint, gibt sich dieser Zustand innerhalb von einer halben bis einer Stunde, wenn sich der Hund einige Male gründlich geschüttelt hat. Der Puder

bleibt so lange wirksam, bis der Hund im Regen naß oder gebadet wird. Wichtig ist, daß das Tier nach Auftragen des Puders für mindestens 12 Stunden nicht gebürstet werden sollte, damit sich der Wirkstoff auf der Haut ablagern kann. Hierbei wird nicht nur jeder erwachsene Floh umgehend getötet, sondern auch jedes schlüpfende Ei.

Seit 1994 gibt es in Europa auch eine Vorsorgemaßnahme in Form von Tabletten, die beim Tierarzt erhältlich sind und mit dem Futter verabreicht werden. Der Wirkstoff darin macht die Flohweibchen steril, tötet allerdings nicht den Floh selbst. Mit anderen Worten ist diese Tablette, die einmal monatlich eingenommen werden muß, kein Behandlungsmittel, sondern trägt lediglich auf lange Sicht zur allgemeinen Dezimierung von Flohpopulationen bei.

In jedem Fall muß beachtet werden, daß es sich hier oftmals um giftige Substanzen handelt, mit denen Kinder keinesfalls in Berührung kommen dürfen. In Familien mit Kleinkindern sollte deshalb auch unbedingt auf Flohhalsbänder verzichtet werden. Andererseits können beim Tierarzt auch neue antiparasitäre Mittel erworben werden, die für den Menschen völlig ungefährlich sind.

Es muß an dieser Stelle auch darauf hingewiesen werden, daß nicht alle Produkte für die Anwendung bei Welpen oder Junghunden geeignet sind und deshalb in solchen Fällen der Tierarzt zu Rate gezogen werden sollte. Falls sich im selben Haushalt mit dem Hund auch andere Hunde oder Katzen befinden, müssen diese mitbehandelt werden. Besonders streunende Katzen aus der Nachbarschaft sind oftmals die Überträger von Flöhen.

Der Lebenszyklus eines Flohs besteht aus vier Stadien – Ei, Larve, Puppe und erwachsener Floh. Die Floheier befinden sich nur selten auf dem Körper des Hundes. Wenn der erwachsene Floh seine Eier ablegt, fallen diese gewöhnlich aus dem Hundefell heraus und bleiben dort liegen, wo sie eben hinfallen. An diesem Platz – oftmals ist es die Hundedecke oder eine andere Stelle, wo sich der Hund häufig aufhält und ausgiebig kratzt – entwickeln sich über vier Larvenstadien aus den Eiern die fertigen Flöhe. Unter günstigen Bedingungen dauert diese Entwicklungsphase 21 bis 28 Tage. Es ist also ausgesprochen wichtig, daß nicht nur der Hund und andere Haustiere, sondern auch die Hundedecke, die Schlafplätze und alle Stellen im Haus mitbehandelt werden, an denen sich die betreffenden Tiere häufig aufhalten. Nur so kann ein kurze Zeit später erfolgender Neubefall verhindert werden.

Zecken

Diese rötlich braunen bis graublauen, ebenfalls blutsaugenden Quälgeister, die auch Schildzecken genannt werden und zu den Milben gehören, sie sitzen an Sträuchern und Büschen und befallen von dort den vorbeistreichenden Hund. Dort beißen sie sich mit ihren kräftigen Mundwerkzeugen in die Haut und bohren ihren kompletten Kopf in das Fleisch. In dieser Haltung sau-

gen sie sich mit Blut voll, gewinnen dabei zusehends an Umfang und lassen sich dann einfach wieder vom Hund herunterfallen. Mit „leerem Magen" sehen sie noch winzig aus, sind sie jedoch richtig mit Blut

... und denken Sie dran

Lassen Sie sich niemals dazu verleiten, bei auftretenden Anzeichen einer Erkrankung Ihres Hundes den „Heimtierdoktor" zu spielen und anhand von Angaben in Büchern wie diesem Ihre eigenen Diagnosen zu stellen. Die Symptome der unterschiedlichsten Krankheiten sind oftmals ähnlich und können sowohl auf die eine als auch auf eine andere hinweisen. Überlassen Sie also die Untersuchung, Diagnose und Behandlung Ihrem Tierarzt.

vollgesogen, sind sie bis etwa kirschkerngroß und leicht beim Abtasten des Hundekörpers zu spüren – sie fassen sich wie eine weiche Warze an.

Diese Blutsauger sind, genau wie Flöhe weltweit verbreitet und übertragen je nach Art in verschiedenen Gebieten, unterschiedliche Krankheiten. Dazu gehören beispielsweise FSME, Lyme-Borreliose und Babesiose.

Zecken hinterlassen nicht nur häßliche, rötliche und leicht geschwollene Bißwunden, sondern lösen ebenfalls bei vielen Hunden, eine allergische Reaktion auf ihren Speichel aus und sind darüberhinaus, wie

Entdecken Sie an Ihrem Hund eine Zecke, so ist es wichtig, daß Sie diese so schnell wie möglich entfernen. Am besten greifen Sie die Zecke mit einer speziellen Pinzette direkt hinter dem Kopf und ziehen sie heraus. Hier schön zu sehen, daß die Zecke im Ganzen sauber entfernt werden konnte.

bereits erwähnt, Überträger von teilweise wirklich gefährlichen, potentiell tödlichen Infektionskrankheiten.

Aus diesen Gründen sollten Zecken umgehend entfernt werden, indem Sie sie mit einer Pinzette dicht hinter dem Kopf greifen und mit einer leichten Ziehbewegung herausdrehen. Sie sollten keinesfalls versuchen, sie einfach aus der Haut herauszureißen, denn dabei kann der Kopf des Parasiten abreißen, in der Wunde verbleiben und dort für schwere Sekundärinfektionen sorgen. Die bevorzugten Körperstellen der Zecken sind die Zehenzwischenräume, Hals- und Achselgegend und die Ohrinnenseiten, jedoch sind sie auch an so ziemlich allen anderen Körperteilen zu entdecken.

Viele, der gegen Flöhe wirksamen Mittel, beinhalten eine Wirkstoffkombination, die auch Zecken tötet. Diese Mittel machen die Haut des Hundes darüberhinaus für den Geschmack der Zecke „ungenießbar", weshalb sie sich wieder fallen läßt und auf einen anderen Wirt wartet. Beißt sie trotzdem zu, kommt sie sofort mit der giftigen Substanz in direkten Kontakt und stirbt noch bevor sie mit dem Saugen anfangen kann. Außerdem gibt es noch ein wirksames Mittel, das dem Hund auf den Rücken gerieben wird und für die Dauer von etwa einem Monat Schutz bietet. Die Behandlung muß natürlich in monatlichen Abständen wiederholt werden.

In jedem Fall sollte der Hund, nach jedem Spaziergang im Park oder Wald, sowie nach dem Herumtollen im Garten, gründlich auf Zecken untersucht werden. Da Zecken auch gerne das Blut von Menschen trinken und auch hier so gefährliche Krankheiten wie die Gehirnhautentzündung übertragen, ist doppelte Vorsicht geboten.

Räude

Als Räude werden alle Arten von Hautproblemen bezeichnet, die durch Milben hervorgerufen werden. Dabei handelt es sich meistens um Ohrmilben, Sarkoptes-

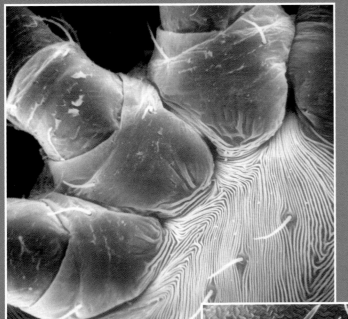

Mit ihren kräftigen Beißwerkzeugen, verbeißen sich Zecken so fest in der Haut eines Hundes, daß es mancher Tricks bedarf, um sie komplett zu entfernen. Machen Sie nicht den Fehler und versuchen Sie, die Zecke mit der Hand zu entfernen. Nehmen Sie eine geeignete Pinzette und drehen Sie die Zecke vorsichtig heraus.

Zecken sitzen in halbhohen Gräsern und Büschen und krabbeln von dort an den vorbeistreichenden Hund. Diese Quälgeister bohren sich mit ihrem ganzen Kopf in der Haut Ihres Hundes fest und saugen sich mit Blut voll. Wenn die Zecke „satt" ist, läßt sie sich mit ihrem jetzt vollen Bauch einfach wieder auf den Boden fallen.

Milben oder Cheyletiella-Milben. Demodikotische Räude wird mit einem Befall durch Demodex-Milben assoziiert. Sie gilt allerdings als nicht übertragbar.

Der häufigste Erreger für Räude bei Hunden ist die Ohrmilbe, die wiederum extrem schnell übertragbar ist. Deshalb sollte schon beim Kauf des Welpen darauf geachtet werden, daß die Elterntiere, wie alle

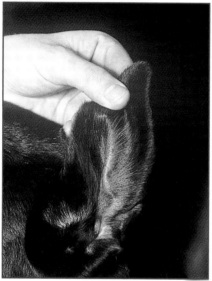

Ohrmilben sind die am häufigsten bei Hunden auftretenden Milben und schnell übertragbar. Saubere Ohren sind hier der erste, vorbeugende Schritt.

anderen Hunde des Züchters frei von dieser Milbenplage sind. Als Überträger kommen jedoch auch andere Haustiere infrage, mit denen der Hund Kontakt hat, speziell dann, wenn er mit diesen auf engem Raum zusammenlebt.

Die Tiere nisten sich bei Hunden bevorzugt in den Ohren ein. Nehmen Sie die Ohrspitzen des Hundes und reiben Sie sie aneinander, so ist die sofortige Reaktion eines befallenen Tieres die, sich mit den Vorderpfoten an den Ohren zu kratzen. Obwohl es sich hier um einen Schmarotzer handelt, der kaum eine ernsthafte Gefahr darstellt, sollte der Tierarzt dennoch ein geeignetes Mittel verschreiben. Der ständig starke Juckreiz irritiert den Hund und führt zu übermäßigem Kratzen, was wiederum in Verletzungen der Haut resultiert, die in Infektionen ausarten können.

Eine Vollkörperbehandlung ist in den meisten Fällen erfolgreich, wohingegen es bei einer ausschließlichen Behandlung der Ohrkanäle meistens zu Rückschlägen kommt. Der Grund dafür ist die Tatsache, daß sich die Milben eben nicht nur in den Ohren aufhalten, wie dem Namen nach vermutet werden könnte, sondern diese bei Störungen verlassen und sich in anderen Körperregionen verbergen, bis die Rückkehr in die Ohren gefahrlos erscheint.

Sarkoptes und Cheyletiella-Milben werden von einem Hund auf den anderen übertragen. Hierbei handelt es sich um sogenannte „soziale" Erkrankungen, die durch die Vermeidung von Kontakten mit infizierten Hunden unterbunden werden können. Sarkoptes-Milben haben die zweifelhafte Ehre, die Hundekrankheit mit dem stärksten Juckreiz überhaupt zu sein. Wieder andere Milben leben in Waldgebieten und befallen die Hunde, wenn sie dort im Dickicht herumtollen. Alle Milbenarten können identifiziert und effektiv bekämpft werden.

Herzwurm-Parasitose

Diese Parasitose ist in Deutschland eigentlich nicht heimisch, denn der Überträger des Parasiten (der Wurm *Dirofilaria immitis*) ist eine bestimmte Mückenart, die in Deutschland nicht vorkommt. Dennoch besteht die Möglichkeit zu einer Infektion mit Herzwurm-Parasitose, wenn Sie Ihren Hund mit in den Urlaub nehmen und das Urlaubsziel in einem Land liegt, wo der Krankheitsüberträger vorkommt – dazu gehören die USA, Afrika und der Mittelmeerraum. Die Krankheit kann nicht durch den Kontakt mit infizierten Hunden übertragen werden, sondern nur durch den Stich dieser speziellen Mücke. Der Erreger lebt im Herzgewebe sowie den angrenzenden Blutgefäßen der Lunge des kranken Hundes, wo er Mikrofilarien produziert, die sich im Blutkreislauf aufhalten. Beim Blutsaugen nimmt die Mücke die Filarien aus dem Blutkreislauf auf und gibt sie auf gleichem Wege an andere Hunde weiter.

Allerdings gibt es auch noch eine andere Möglichkeit der Übertragung, nämlich die durch vom Muttertier auf ihre Welpen. Es handelt sich hierbei um eine lebensgefährliche Parasitose, deren Behandlung langwierig und teuer ist. Sie kann jedoch einfach dadurch verhindert werden, indem Sie Ihren Hund vor Reiseantritt beim Tierarzt dagegen impfen lassen. Die Krankheit läßt sich einfach diagnostizieren. Falls Ihr Hund also nach dem Urlaub unter Appetitmangel, einem trockenen, krampfartigen Husten und Apathie leidet und Sie eines der betreffenden Länder mit ihm bereist haben, sollten Sie ihn vorsorglich auf eine Herzwurm-Parasitose untersuchen lassen. Das Gleiche trifft natürlich auch auf vierbeinige „Reisemitbringsel" zu.

Darmparasiten

Die am häufigsten bei Hunden auftretenden Darmparasiten sind Hakenwürmer, Rundwürmer, Bandwürmer und Peitschenwürmer. Rundwürmer brechen dabei jeden Rekord – es wird vermutet, daß bis

zu 13 Trillionen Rundwurmeier pro Tag im Hundekot ausgeschieden werden. Untersuchungen haben ergeben, daß 75% aller Welpen Träger von Rundwürmern sind. Die Ausscheidung dieser Parasiten und die damit verbundene Verbreitung der Parasitose beginnt bereits ab einem Alter von drei Wochen. Die Übertragung auf den Menschen findet dabei ausschließlich über den Kontakt mit dem Hundekot und nicht, wie oftmals behauptet wird, durch den alleinigen Umgang mit dem Welpen oder dem Hund statt.

Bei Rundwürmern handelt es sich um nudelförmige Hohlwürmer, die bei ihrem Wirt ein dickbäuchiges Erscheinungsbild und neben vielen anderen ernsten Symptomen auch ein stumpfes Fell verursachen können. Weitere Symptome sind Erbrechen, Durchfall und Husten. Welpen werden häufig bereits im Mutterleib durch das Blut der Mutter oder später beim Säugen durch die Milch infiziert, was verhindert werden kann, wenn die Hündin bereits vor dem geplanten Deckakt vorsorglich entwurmt wird.

Hakenwürmer können ebenfalls auf den Menschen übertragen werden. Diese mikroskopisch kleinen, 8-18 mm langen Fadenwürmer können zu einer Anämie führen und somit ernsthafte Probleme bis hin zum Tod eines Welpen zu Folge haben. Hakenwürmer nisten sich beim Menschen wie beim Hund im Dünndarm ein und ernähren sich dort von den Darmzotten. So entstehen viele kleine Wunden in der Dünndarmwand, die stark bluten. Wie bereits erwähnt, können Welpen bereits mit einem Wurmbefall geboren werden, weshalb eine möglichst frühe erste Wurmkur ausgesprochen wichtig ist.

Bandwürmer benötigen für ihre Entwicklung stets einen Zwischenwirt. Neben anderen Bandwurmarten gibt es den Hundebandwurm (*Dipylidium caninum*), der als Zwischenwirt den Floh benutzt. Der Floh nimmt die Wurmeier auf, aus denen sich sogenannte Finnen entwickeln. Der Floh überträgt diese Finnen auf den Hund, in dessen Darm sich diese dann zum fertigen Bandwurm entpuppen. Mit dem Kot werden nach gewisser Zeit einzelne reiskornförmige Bandwurmglieder ausgeschieden. Sie können oftmals auch um die Afteröffnung herum im Fell hängend entdeckt und so identifiziert werden.

Der Bandwurm erscheint als ein langer, flacher, einem Gummiband ähnlicher Wurm, der oftmals eine erstaunliche Länge erreichen kann und aus etwa reiskorngroßen Segmenten besteht. Er lebt im Dünndarm seines Wirtes.

Eine weitere Bandwurmart, die ebenfalls vom Hund auf den Menschen übertragen werden kann, ist *Echinococcus multilocularis* – er kann beim Menschen zu einer lebensgefährlichen Erkrankung führen. Eine Bandwurminfektion kann heute problemlos mit speziellen Medikamenten behandelt werden. Zur Bekämpfung des Hundebandwurms gehört auch die gleichzeitige Flohbekämpfung mit speziell für diesen Zweck gedachten Pudern oder Flüssigpräparaten, mit denen nicht nur der Hund, sondern auch seine Decke, sein Schlafplatz und wenn nötig sogar die Teppiche und Polstermöbel im Haus behandelt werden müssen.

Der Peitschenwurm ist ein bis zu 5 cm langer, zu den Fadenwürmern gehörenden Schmarotzer, der sich mit seinem namengebenden, peitschenförmigen Vorderteil in die Schleimhäute von Blind- und Dickdarm gräbt. Neben der Ansteckungsgefahr durch den Kontakt mit dem Kot eines infizierten Hundes können diese Würmer auch durch den Verzehr von rohem Schweinefleisch in den Körper gelangen. Auch hier ist eine Übertragung auf den Menschen möglich. Diese Würmer haben einen dreimonatigen Lebenszyklus und können nicht vom Muttertier auf die embryonalen Welpen übertragen werden. Sie verursachen unregelmäßige Durchfallerscheinungen, die gewöhnlich von Schleimabsonderungen begleitet sind. Peitschenwürmer sind die wahrscheinlich am schwersten zu bekämpfenden Darmparasiten, denn ihre Eier sind außergewöhnlich widerstandsfähig und können unter bestimmten Umständen Jahre im Körper überdauern, bis sie sich unter günstigen Bedingungen zu fertigen Würmern weiterentwickeln. Sie sind nur selten im Kot nachzuweisen.

Neben diesen gibt es natürlich noch andere Darmparasiten, die einen Hund befallen können. Der sicherste Weg zur Vorbeugung sind regelmäßige Kotuntersuchungen durch den Tierarzt, der im Ernstfall auch die effektivste Behandlung kennt.

Kokzidiose und Giardiase

Beides sind Infektionskrankheiten, die gewöhnlich Welpen befallen und von Einzellern (Protozoen) hervorgerufen werden. Die Infektionsgefahr ist in solchen Situationen am höchsten, in denen viele Welpen auf relativ engem Raum vergesellschaftet sind. Oftmals sind auch bereits ältere Hunde Träger der Infektion, zeigen jedoch meistens keinerlei Symptome, bis sie unter Streß geraten oder unter anderen Gesundheitsproblemen leiden. Anzeichen für eine dieser Infektionen äußern sich als Durchfall, Gewichtsverlust und in mangelndem Appetit. Die für diese Erkran-

Ein Rottweiler-Welpe gehört in verantwortungsbewußte Hände. Es obliegt der Aufsichtspflicht des Halters, seinen Hund vor Parasitosen und anderen Infektionen zu schützen.

kungen verantwortlichen Einzeller sind nicht immer im Kot nachweisbar.

Virusinfektionen

Hunde können von verschiedenen Viruserkrankungen wie Hepatitis, Parvovirose, Tollwut und Staupe befallen werden, wenn sie in Kontakt mit anderen Tieren kommen, die Träger dieser Parasitosen sind. Um dem entgegenzuwirken, sollten Sie

Obwohl Sie Ihren Hund nicht gegen alle möglicherweise auftretenden Krankheiten impfen lassen können, sollten Sie unbedingt von den Schutzimpfungen Gebrauch machen, die gegen Infektionskrankheiten verfügbar sind.

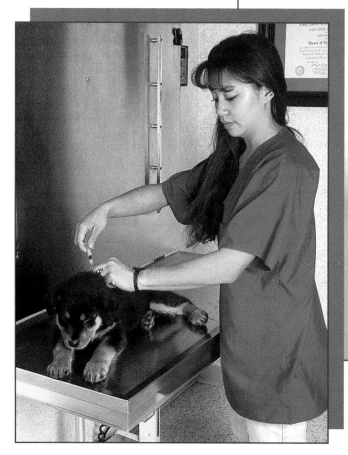

Kontrollierter Kontakt zu anderen Tieren sowie regelmäßige Schutzimpfungen sind der beste Schutz vor Virusinfektionen bei Ihrem Rottweiler. Schutzimpfungen sind heute so effektiv, daß regelmäßig geimpfte Hunde nur noch einem minimalen Risiko ausgesetzt sind.
Foto: Robert Smith

sich strikt an zwei wichtige Vorsorgemaßnahmen halten – kontrollierter Kontakt zu anderen Tieren und regelmäßige Schutzimpfungen.
Heutzutage sind die verfügbaren Schutz-

impfungen so effektiv, daß regelmäßig geimpfte Hunde nur noch einem ganz minimalen Risiko ausgesetzt sind. Trotzdem sollten Sie stets aufmerksam beobachten, mit welchen anderen Tieren der

Hund häufigen oder engen Kontakt hat. Das Zusammensein mit ebenfalls geimpften anderen Hunden ist dabei völlig ungefährlich, wohingegen der Kontakt mit streunenden Hunden und Katzen sowie Wildtieren wie Kaninchen und ähnlichen ein nicht zu unterschätzendes Risiko darstellt. Außerdem sollten Sie unbedingt darauf achten, daß der Ferienzwinger für den Hund ausschließlich solche mit Impfschutz aufnimmt und der Tierarzt eine Quarantänestation für Hunde mit Infektionskrankheiten hat, so daß diese sicher von allen anderen Patienten getrennt werden können. Wenn Sie sich streng an diese Richtlinien halten, sollten Probleme mit Infektionskrankheiten dieser Art gar nicht erst auftreten.

Zwingerhusten (Koronavirus)

Hierbei handelt es sich um eine infektiöse Entzündung der Luftröhre und der Bronchien (Tracheobronchitis), die hochgradig ansteckend ist und deshalb umgehend behandelt werden muß. Diese Erkrankung tritt vor allem in Tierheimen und im Tierhandel sowie überall dort auf, wo Hunde unter unkontrollierten Bedingungen auf engem Raum zusammenkommen.

Bei dieser Krankheit lösen Viren und Bakterien gemeinsam eine Entzündung der Luftröhre und der Bronchien aus. Ein Anzeichen hierfür ist ein kurzer, trockener Husten, manchmal auch Niesen mit leichtem Nasenausfluß, was wenige Tage bis mehrere Wochen anhalten kann. Der Krankheitsverlauf kann durch das Auftreten von Sekundärinfektionen verschlimmert werden. Im Normalfall verläuft diese Erkrankung nicht tödlich; sie kann jedoch in eine schwere Bronchitis oder Lungenentzündung übergehen. Leider sprechen viele der-

art erkrankte Hunde nicht sonderlich gut auf die verabreichten Medikamente an, aber andererseits kann der Zwingerhusten nach vielen Wochen auch spontan ausheilen.

Die effektivste Vorsorgemaßnahme ist in jedem Fall eine Schutzimpfung, ganz egal wie umstritten diese auch sein mag. Hier empfiehlt sich sogar eine Impfstoffkombination, denn bei dieser Krankheit kann mehr als nur ein Virus beteiligt sein. Beispielsweise ist das Parainfluenza-Virus meistens in dieser Impfung enthalten, denn es ist eines der Viren, das häufiger der Auslöser des Zwingerhustens ist.

Das Bakterium *Bordetella bronchiseptica* spielt beim Auftreten von Zwingerhusten häufig eine Rolle. Neuerdings ist vielerorts eine Schutzimpfung erhältlich, die bei Hunden in stark gefährdeten Gebieten zweimal jährlich wiederholt werden sollte. Hierbei wird der Impfstoff nicht wie gewohnt injiziert, sondern in die Nasenlöcher gesprüht, um die Infektion bereits zu stoppen, bevor sie tiefer in den Atmungstrakt eindringen kann.

Staupe

Hierbei handelt es sich ebenfalls um eine Virusinfektion, deren erstes Symptom ein sehr leichtes, kurz anhaltendes Fieber ist, dem nach etwa acht Tagen eine schwere Lungenentzündung folgt. Diese wird von eitrigem Augen- und Nasenausfluß sowie Durchfall begleitet. In einigen seltenen Fällen ist auch eine Verhärtung der Pfotenballen festzustellen. Die Symptome klingen dann zunächst wieder ab, kehren jedoch in verstärktem Maße und zuzüglich nervöser Erscheinungen bis hin zu schweren Krämpfen zurück und setzten dem Leben des Tieres in diesem Stadium meistens ein schnelles Ende.

Hunde, die diese Krankheit überleben, leiden sehr häufig anschließend an nervösen Zuckungen der Kopfmuskeln, was als der „Staupetick" bezeichnet wird. Nach überstandenen Erkrankungen im Jungtieralter tritt in vielen Fällen das „Staupegebiß" auf, worunter erhebliche Zahnschmelzdefekte zu verstehen sind.

Staupe wird durch Wildtiere sowie durch infizierte Hunde übertragen.

Hepatitis (Gelbsucht)

Diese Erkrankung verläuft ähnlich der vorher beschriebenen, beginnt jedoch mit hohem Fieber und wird von Apathie und Appetitlosigkeit begleitet. Allerdings treten hierbei weder Lungenentzündung noch Durchfall auf. Bleibende Hornhautschäden der Augen bis hin zur völligen Erblindung können die Folge von Hepatitis sein. Auch hier handelt es sich um eine Virusinfektion. Sie wird von anderen infizierten Tieren übertragen und befällt die Leber und Nieren.

Toxoplasmose

Hierbei handelt es sich um ein Krankheitsbild, das durch einen Einzeller (*Toxoplasma gondii*) hervorgerufen wird. Der Stammwirt dieser Einzeller ist die Katze. Er bildet übertragbare Dauerformen, jedoch erkranken Hunde am häufigsten durch den Verzehr von infiziertem Schweinefleisch. Sie können die Krankheit allerdings nicht, wie früher oftmals behauptet wurde, auf den Menschen übertragen.

Dennoch kann sich auch der Mensch durch den engen Kontakt mit Katzen oder den Verzehr von verseuchtem Fleisch mit dieser Krankheit infizieren.

Eine Toxoplasmose kann ohne jegliche Symptome verlaufen (latente Toxoplasmose) und nur für trächtige Tiere oder schwangere Frauen gefährlich sein. Sie kann jedoch auch akut oder chronisch auftreten. Die Erkrankung kann vom Muttertier auf die Welpen übertragen werden und gilt dann als angeborene Toxoplasmose, die sich oft in Mißbildungen äußert (toxoplasmotische Fetopathie), aber auch zu Fehl-, Früh- oder Totgeburten führen kann.

... und denken Sie dran

Wenn Ihr Hund trotz entsprechender Erziehungsmaßnahmen alles frißt, was er draußen findet (kleine Steinchen, Sand, verschiedene Pflanzen, den Kot von Katzen oder anderen Hunden), muß dem nicht zwingendermaßen eine Unart oder Ungehorsamkeit zugrunde liegen. Es könnte sich auch um eine Mangelerscheinung in der Ernährung des Hundes handeln. Besprechen Sie ein solches Verhalten deshalb mit Ihrem Tierarzt.

Gefahrenquellen und was zu tun ist wenn ...

Mit der Zeit wird ein Hundehalter durch ständiges Beobachten mit dem natürlichen Verhalten seines Hundes vertraut. Gleichzeitig wird er dabei auch auf versteckte oder bislang unbeachtete Gefahrenquellen stoßen, die zu ungeahnten Gesundheitsproblemen führen können. Diese Gefahren zu beseitigen und im Fall eines Unfalls schnell und richtig reagieren zu können, bewahrt den Hund oftmals vor schlimmen Folgen.

Jeder Hundehalter sollte in der Lage sein, bei seinem Hund die Körpertemperatur, den Puls, die Atmung und die Kapillarfüllungszeit zu prüfen. Um eine Abweichung vom Normalen zu erkennen, sollten Sie natürlich wissen, was als Normalwert gilt, denn dieses Wissen kann für ein Hundeleben die Rettung bedeuten.

Die Körpertemperatur

Die normale Körpertemperatur eines Hundes liegt zwischen 37,5 und 39°C, wobei es bei verschiedenen Rassen leichte Abweichungen geben kann, die beim Tierarzt zu erfragen sind. Sie messen die Temperatur im After über einen Zeitraum von etwa einer Minute. Es empfiehlt sich, die einzuführende Spitze des Thermometers zu diesem Zweck mit etwas Vaseline oder Lebensmittelöl gleitfähig zu machen. Am einfachsten läßt sich diese Prozedur durchführen, wenn der Hund dabei steht und der Schwanz mit einer Hand hochgehalten wird. Das Thermometer muß während der Messung selbstverständlich ebenfalls festgehalten werden.

Eine leicht erhöhte Temperatur kann von freudiger Erregung, einer gerade beendeten körperlichen Anstrengung oder einer geringfügigen Überhitzung herrühren. Eine deutlich erhöhte Temperatur ist gewöhnlich ein sicheres Zeichen für eine sich anbahnende Krankheit oder einen vorliegenden Notfall. Handelt es sich um eine deutliche Untertemperatur, liegt in jedem Fall ein ernstes Problem vor, das den sofortigen Besuch beim Tierarzt erfordert.

Kapillarfüllungszeit und Zahnfleischfarbe

Es ist wichtig zu wissen, wie das Zahnfleisch eines gesunden Hundes aussieht, um anhand einer Veränderung sofort feststellen zu können, daß dem Tier offensichtlich etwas fehlt. Es gibt einige Rassen, wie beispielsweise den Chow Chow und ihm anverwandte Rassen, deren Zahnfleisch und Zunge auf natürliche Weise schwarz oder blauschwarz gefärbt sind. Bis auf diese Ausnahmen ist das Zahnfleisch eines gesunden Hundes jedoch kräftig rosafarben.

Blasses Zahnfleisch kann ein Hinweis auf einen Schockzustand oder eine Anämie sein und ist stets ein Alarmzeichen. Eventuell vorhandene gelbliche Verfärbungen sind ebenfalls alarmierend und deuten einwandfrei auf eine Erkrankung hin.

Viele Hunde zeigen schwarze oder dunkelbraune Flecken an Zahnfleisch und/oder Zunge, was allerdings als völlig normal anzusehen ist. Es ist ebenfalls wichtig zu wissen, wie die Kapillarfüllungszeit (Wiederauffüllen der Blutgefäße) beim gesunden Hund verläuft, um in einem Krankheitsfall oder Schockzustand erkennen zu können, ob sie vom Normalen abweicht, also verlangsamt ist. Zu diesem Zweck pressen Sie den Daumen kurz aber kräftig gegen das Zahnfleisch. An dieser Stelle

Um Abweichungen vom normalen Hund zu erkennen, müssen Sie wissen, was normal ist. Dieses Wissen kann für ein Hundeleben Rettung bedeuten.

weicht das Blut aus dem Gewebe, und der Daumen hinterläßt einen weißlichen Abdruck. Im Normalfall sollte die gesunde Rosafärbung innerhalb von ein bis zwei Sekunden wieder zurückkehren, das Gewebe also an der Druckstelle wieder gut durchblutet und die Druckstelle nicht mehr sichtbar sein.

Der Herzschlag, Puls und die Atmung

Die Herzfrequenz ist von der Rasse und dem Gesundheitszustand des Hundes abhängig. Als normal gelten um die 50 Schläge pro Minute bei größeren Rassen, bis 130 Schläge bei kleineren. Um die Anzahl der Herzschläge festzustellen, pressen Sie die Fingerspitzen auf die Brust des Hundes, zählen die Schläge für die Dauer von fünfzehn Sekunden und multiplizieren die ermittelte Zahl mit vier.

Für die normale Pulsfrequenz gelten die selben Werte und Rechenformeln wie für den Herzschlag. Die Messung wird an einer der Oberschenkelarterien vorgenommen, die sich auf den Innenseiten der Hinterbeine befinden.

Ebenfalls von der Größe des Hundes und der Rasse abhängig, sollte die Atmungsfrequenz zehn bis 30 Atemzüge pro Minute betragen. Sie wird nicht wie Herzschlag und Puls gemessen, sondern aufmerksam anhand des sich hebenden und senkenden Brustkorbs beobachtet.

Jede Abweichung von den Normalwerten dieser drei Meßwerte kann durch Erregung entstehen oder aber auch auf eine Erkrankung hinweisen und sollte deshalb unbedingt von einen Tierarzt eingehender untersucht werden.

Erste Hilfe-Maßnahmen

Für eine medizinische Notfallsituation sollten Sie unbedingt in folgender Weise vorbereitet sein.

1.) Die Telefonnummer, Adresse und Öffnungszeiten des Tierarztes sollten jederzeit griffbereit am Telefon liegen.

2.) Sie sollten stets über die Notdienstzeiten und die Telefonnummer informiert sein, unter der der Tierarzt außerhalb der normalen Sprechstundenzeiten zu erreichen ist. Bietet er selbst keinen Notdienst an, so sollte die Telefonnummer einer entsprechenden Praxis oder Tierklinik zur Hand sein.

3.) Müssen Sie auf eine solche Zweitadresse zurückgreifen, sollten Sie auch genau wissen, wie Sie dort hingelangen.

4.) In einem echten Notfall ist Zeit ein lebenswichtiger Faktor. Anzeichen für eine solche Situation können die folgenden sein – ein unnatürlich helles Zahnfleisch, ein anormaler Herzschlag, eine Körpertemperatur unter 37,5 oder über 39°C, ein Schockzustand oder Lethargie sowie Lähmungserscheinungen.

5.) Wird ein Hund in einen Autounfall verwickelt, ist gleichermaßen größte Eile und Vorsicht geboten. Das Tier sollte so wenig wie möglich bewegt werden, sofort in eine Tierarztpraxis gebracht und dort umgehend einer Röntgenuntersuchung unterzogen werden. Besonders wichtig ist eine eingehende Untersuchung des Brustkorbs und des Unterleibs, um eine Verletzung der Lunge oder der Blase sofort feststellen zu können.

Der Notfallmaulkorb

In einer Ausnahmesituation, in der ein Hund unter starken Schmerzen leidet oder in einem panikartigen Zustand ist, kann es für den Halter ausgesprochen schwierig werden, seinen Hund zu bändigen und ihm Erste Hilfe-Maßnahmen zukommenzulassen. Ein in panischer Angst befindlicher Hund, der zudem noch starke Schmerzen empfindet, erreicht schnell einen Punkt, an dem er nicht einmal seinen eigenen Halter erkennt, sondern blindlings nach allem beißt, was sich ihm nähert.

Die einzige Möglichkeit, um sich selbst und das Tier in einer solchen Situation vor Schaden zu bewahren und in der Lage zu sein, ihm sofortige Hilfe zuteil werden zu lassen, ist den Hund unter Kontrolle zu bringen und ruhigzustellen. Ist nicht sofort ein Tierarzt zur Stelle, der eine Beruhigungsspritze verabreichen kann, muß sich der Halter auf andere Weise behelfen, zum

Beispiel mit einem Maulkorb. Nun besitzt nicht jeder Hundehalter einen Maulkorb, wenn er diesen nicht sowieso benötigt, um sein Tier in der Öffentlichkeit ausführen zu können. Sie können jedoch relativ einfach und schnell einen provisorischen Maulkorb basteln, der in einer solchen Situation recht hilfreich sein kann.

Sie benötigen dazu nichts weiter als eine etwa 70 cm bis einen Meter lange stabile Schnur oder Kordel. Im Notfall kann auch die Leine, ein Nylondamenstrumpf oder etwas ähnliches benutzt werden. Mit diesem „Werkzeug" verfahren Sie folgendermaßen.

1.) Sie verknoten es leicht in der Mitte, so daß eine herunterhängende, große Schlaufe entsteht. Es wird dazu ein einfacher Knoten benutzt, der sich leicht zuziehen läßt.

2.) Die beiden Enden werden mit beiden Händen auseinandergehalten.

3.) Die Schlaufe wird langsam unter ruhigem Zureden über die Schnauze des Hundes manövriert, so daß sie sich kurz hinter der Nase befindet und Ober- sowie Unterkiefer umschließt.

4.) Die Schlaufe wird schnell zugezogen, was den Hund daran hindert, sein Maul zu öffnen.

Für medizinische Notfälle sollten Sie sich gut vorbereiten. Beachten Sie die Punkte auf Seite 96. Foto: Archiv bede-Verlag

5.) Nun werden die beiden Enden unterhalb des Unterkiefers nochmals verknotet.
6.) Danach ziehen Sie die beiden Enden rechts und links unterhalb der Ohren nach hinten und verknoten sie am Hinterkopf erneut.

Es ist wärmstens zu empfehlen, das Anlegen dieses „Notfall-Maulkorbs" von Zeit zu Zeit zu üben und den Hund an diese Prozedur zu gewöhnen, solange er gesund und ruhig ist. So wird sichergestellt, daß dieser Vorgang dem Tier bereits vertraut ist und Sie jeden erforderlichen Handgriff kennen. Ist ein eintretender Notfall auch gleichzeitig die Premiere für dieses Hilfsmittel, so überträgt sich die Nervosität des darin ungeübten Halters auf den Hund und macht, in Verbindung mit der Angst vor diesem „Monstrum", die Situation nur noch schlimmer. Es ist unbedingt darauf zu achten, daß wenn sich der Hund erbrechen sollte, dieser oder jeder andere Maulkorb sofort zu entfernen ist, damit das Tier nicht an dem Erbrochenen ersticken kann.

Vergiftung durch Frostschutzmittel

Auch hier ist Zeit der wichtigste Faktor zur Rettung des Hundes. In der offenen Garage oder anderswo herumstehende Behälter mit Frostschutzmittel sind potentielle Gefahrenquellen.

Frostschutzmittel hat einen süßlichen Geschmack, was für den Hund einen fast unwiderstehlichen Anreiz bietet, es auf- oder abzulecken. Schlechterdings ist der Hauptbestandteil von Frostschutzmitteln Äthylenglycol, das zu schwersten, irreparablen Nierenschäden führt.

Heute gibt es bestimmte Testmethoden, um eine solche Vergiftung schnell nachzuweisen. Die Behandlung ist ausgesprochen drastisch und muß umgehend erfolgen, um das Tier noch zu retten. Um es gar nicht erst zu solchen Vorfällen kommen zu lassen, sollten Sie stets darauf achten, Frostschutzmittel unbedingt außerhalb der Reichweite von Hunden und anderen Haustieren aufzubewahren.

Wespen- und Bienenstiche

Ein Wespen- oder Bienenstich kann extrem starke Reaktionen nach sich ziehen, die aus Atmungsproblemen, Ohnmachtsanfällen und sogar dem Tod des Hundes bestehen. Deutliche Anzeichen sind Schwellungen um die Schnauze herum und im Gesicht. In solchen Fällen ist es wichtig, die Farbe des Zahnfleisches, die Atmungstätigkeit sowie die Schwellung aufmerksam zu beobachten. Treten Abweichungen vom Normalzustand auf und wird die Schwellung zunehmend stärker, ist sofort ein Tierarzt aufzusuchen. Wurde das Tier im Maulinnenraum oder sogar in die Zunge gestochen, sollten Sie keinesfalls warten, sondern sofort reagieren – hier besteht akute Erstickungsgefahr.

In jedem Fall kann das Verabreichen eines wirksamen Antihistamins eine schnelle Erleichterung bringen und dem Halter einen Zeitvorteil verschaffen. Da jedoch nicht alle Antihistamine für diesen speziellen Fall geeignet sind, sollten Sie sich vom Tierarzt für den Notfall beraten lassen und stets einen kleinen Vorrat im Haus haben.

Blutungen

Blutungen können durch unterschiedliche Faktoren hervorgerufen werden. Zum Beispiel kann es sich dabei um eine ausgerissene oder eine zu kurz abgeschnittene

Ein Wespen- oder Bienenstich kann bei Ihrem Rottweiler starke Reaktionen nach sich ziehen. Wenn bei Ihrem Hund nach solch einem Stich, Schwellungen um die Schnauze und im Gesicht auftreten, beobachten Sie ihn genau! Wurde das Tier auf die Zunge gestochen, sollten Sie allerdings sofort den Tierarzt aufsuchen.
Foto: Robert Smith

Kralle, eine leichte Hautverletzung oder auch eine ernste Fleischwunde handeln. Die erste Maßnahme bei stärkeren Blutungen ist, sofort einen Druckverband anzulegen, um die Blutung zu stoppen. Dieser Verband muß alle 15 bis 20 Minuten gelockert werden, damit die allgemeine Durchblutung nicht zu lange unterbrochen wird. Das Verbandmaterial muß unbedingt sauber und sollte nicht zu elastisch sein, denn das birgt die Gefahr, daß es zu fest gewickelt wird. Steht kein professionelles Verbandmaterial zur Verfügung, kann auch ein Handtuch, ein Waschlappen oder ähnliches benutzt werden und dann mit einer Krawatte oder einem Gürtel festgebunden werden.

Eine blutende Kralle kann mit etwas blutstillender Watte oder einem ebensolchen Puder behandelt werden, jedoch sollte der Tierarzt danach einen Blick darauf werfen, um eine Entzündung rechtzeitig zu verhindern. Jede Wunde sollte zuerst mit einem antiseptischen Reinigungsmittel gesäubert und dann verbunden werden. Alkohol sollte möglichst nicht benutzt werden, denn er wirkt sich negativ auf die Heilung des Gewebes aus. Bei größeren oder tieferen Wunden muß das Tier umgehend in ärztliche Behandlung.

Blähungen

Obwohl eine normale Blähung, bei der das Gas auf natürliche Weise aus dem Körper entweicht, nicht unbedingt als eine Notfallsituation betrachtet werden kann, muß auch hier zwischen Normal und Anormal unterschieden werden.

Ein regelrecht aufgeblähter Magen oder Darm tritt eigentlich häufiger bei großen Hunderassen auf, ist deshalb jedoch bei kleineren nicht ausgeschlossen. Hier handelt sich um einen lebensbedrohenden Zustand, der eine umgehende Reaktion erfordert.

Der Magen wird hierbei durch übermäßige Gasansammlungen oder eine schaumige Substanz ausgedehnt und kann sich nicht entleeren. Dieser Zustand kann wiederum zu einer Magenverdrehung oder -verschlingung führen, wodurch beide Magenöffnungen blockiert werden. Durch die Verdrehung wird auch eine der Hauptvenen blockiert, die Blut zum Herzen transportieren, wodurch ein enormer Druck auf die Blutzirkulation ausgeübt wird. Diese Situation führt in nur kurzer Zeit zu einem Schockzustand mit nachfolgendem Tod. Hier ist umgehende ärztliche Hilfe in Form einer Notoperation der einzige mögliche Lebensretter.

Verbrennungen

Rührt die Verbrennung vom Kontakt mit einer Chemikalie her, sollte umgehend der Tierarzt angerufen werden, der spezifische Anweisungen geben wird. Normale Verbrennungen werden unter kaltem, fließenden Wasser gelindert, wonach umgehend der Tierarzt aufgesucht wird. Bei ernsthaften Verbrennungen oder auch leichteren, jedoch flächenmäßig großen, wird der Hund am besten sofort in eine Tierklinik gebracht. In vielen Fällen ist es zur besseren Sauberhaltung der Wunde notwendig, das umgebende Haar abzurasieren.

Die Behandlung besteht meistens aus einer gründlichen Reinigung der Wunde und dem Auftragen einer antimikrobischen Salbe; ein Vorgang, der täglich wiederholt werden muß. Eine mittelschwere Brandwunde benötigt etwa drei Wochen zur vollständigen Heilung, wobei damit gerechnet werden muß, daß ein neuer Fellwuchs an der Brandstelle in einigen Fällen ausbleibt.

Unbehandelte Verbrennungen ufern in Sekundärinfektionen aus, verursachen dem Tier enorme Schmerzen und können zu einem möglicherweise tödlichen Schock führen. Besonders ältere Hunde reagieren hier meistens bedeutend empfindlicher als jüngere.

Wiederbelebung

In einem Fall, wo der Hund vermutlich unter einem Herzstillstand leidet, muß zuerst schnellstens überprüft werden, ob noch ein Herzschlag, Puls und eine Atmungstätigkeit festzustellen sind. Zeigen sich die Pupillen des Hundes bereits erweitert und starr, sieht die Diagnose nicht gut aus.

Eine solche Notsituation erfordert zwei Menschen zur Anwendung der professionellen Wiederbelebungsversuche. Eine Person muß für das Tier atmen, während die zweite sich dem Wiederbeleben des Herzens widmet. Der Hund wird auf seine rechte Seite gelegt, die Hände des Halters befinden sich rechts und links am Brustkorb, etwa in Höhe der vierten und fünften Rippe. Der Brustkorb wird nun gleichmäßig zusammengepreßt und dann wieder losgelassen. Dieser „Pumpvorgang" wird je nach der Größe des Hundes 70 bis 120 Mal in der Minute wiederholt.

Die Zunge wird nach vorne aus dem Maul gezogen, um die Atmung nicht zu behindern. Nach jedem fünften „Pumpen" holt der Helfer tief Luft, deckt die Nase des Hundes mit den Händen ab und atmet langsam in das Maul aus. Dabei sollte zu beobachten sein, daß sich der Brustkorb des Hundes weitet. Dieser Vorgang wird alle fünf bis sechs Sekunden (12 bis 20 Mal pro Minute, ebenfalls je nach Größe des Hundes) wiederholt, wobei der Brustkorb weiterhin bearbeitet wird, nur nicht in dem Moment, in dem der Helfer Luft in die Lungen des Hundes pumpt. Das Tier muß unbedingt warm gehalten und der Tierarzt umgehend verständigt werden. Sobald sich Herzschlag und Atmung wieder eingefunden haben, muß schnellstens für einen sicheren Transport in eine Tierklinik gesorgt werden.

Kranke Hunde können genau wie Menschen müde oder deprimiert aussehen. Eingehende Beobachtungen am gesunden Hund liefern die Vergleichsmöglichkeiten, um einen kranken Hund zu erkennen und ihm so rechtzeitig Hilfe zukommen zu lassen.

Schokoladenvergiftung

Hunde lieben Schokolade, doch diese Liebe kann sie umbringen. Verantwortlich dafür sind zwei in Schokolade enthaltene Stoffe – Koffein und Theobromin, ein natürliches Alkaloid der Kakaobohne. Diese Stoffe führen beim Hund zu einer Überstimulation des Nervensystems. Eine Milchschokoladenmenge von nur 280 g kann bereits einen fünf Kilogramm schweren Hund umbringen!

Die Symptome für eine solche Vergiftung sind Ruhelosigkeit, Erbrechen sowie ein beschleunigter Herzschlag und Krämpfe. In der Folge verfällt der Hund ins Koma. Der nachfolgende Tod ist wahrscheinlich, wenn nicht sofort gehandelt wird.

Als erste Maßnahme sollte der Hund umgehend zum Erbrechen gebracht werden; der Tierarzt ist sofort zu benachrichtigen. Als effektives Brechmittel können 1/4 Teelöffel Brechwurzelsirup pro Kilo Körpergewicht verabreicht werden.

Die sicherste und einfachste Methode ist es allerdings, seinen Hund erst gar nicht auf den Geschmack zu bringen und Schokolade als ein Tabu zu betrachten. Für den menschlichen Genuß hergestellte Lebensmittel sind für einen Hundeorganismus sowieso ungeeignet und sollten generell vom Speiseplan gestrichen werden.

Ersticken

Die erste Maßnahme in solchen Fällen ist die Suche nach dem Auslöser. Sie halten den Hundekörper zwischen den Beinen, greifen mit jeweils einer Hand Ober- und Unterkiefer, öffnen das Maul und schauen so weit wie es geht in den nach oben gereckten Hals. Ist ein Fremdkörper sichtbar, der offensichtlich die Atmung blockiert, muß dieser umgehend entfernt werden. Haben Sie einen Assistenten zur Hand, kann dieser versuchen, den Gegenstand mit der Hand oder einer langen, stumpfen Pinzette zu greifen. Ist das nicht möglich, so muß versucht werden, den Hund mit dem Kopf nach unten zu halten, damit der Gegenstand dann vielleicht nach vorne rutscht und herausfällt. Da Zeit hier ein

lebenswichtiger Faktor ist, muß noch während dieser Erste Hilfe-Maßnahmen der Tierarzt benachrichtigt werden.

Um solche Unfälle zu vermeiden, muß unbedingt darauf geachtet werden, daß Spielzeuge stets eine Größe haben, die ein Verschlucken unmöglich macht. Desweiteren müssen Ketten oder kettenartige Halsbänder außerhalb der Auslaufzeiten unbedingt abgelegt werden. Anderenfalls besteht die Gefahr, daß der Hund beim Spielen an einem Ast, einem Haken oder einem anderen Gegenstand hängenbleibt

den, jedoch andererseits zu groß sein, um auf natürlichem Wege ausgeschieden zu werden – eine Magenverschlingung oder ein Darmverschluß können die Folge sein. Kotelett- und Brathähnchenknochen zersplittern und können beim Hinunterschlucken im Hals steckenbleiben oder mit ihren scharfen Bruchspitzen die Speiseröhre oder Magen- oder Darmwände aufreißen – es kommt zu schwersten inneren Verletzungen oder einem Tod durch Ersticken.

Bißverletzungen

Wurde ein Hund von einem anderen gebissen, muß die Wunde gereinigt und die Schwere der Verletzung beurteilt werden. Ist die Wunde tief oder großflächig und blutet stark, ist eine sofortige tierärztliche Hilfe unverzichtbar. Handelt es sich dagegen nur um eine oberflächliche Wunde, bei der lediglich die Haut beschädigt wurde, reicht vorerst eine gründliche Säuberung, das Entfernen des umliegenden Fells und das Auftragen einer antibakteriellen Salbe. Dennoch sollte das Tier zur Sicherheit einem Tierarzt vorgeführt werden.

In jedem Fall sollten Sie genauestens über den Zeitpunkt der letzten Tollwut-Schutzimpfung informiert sein, denn das kann von größter Bedeutung für das Leben des Hundes sein, besonders dann, wenn Sie den Verursacher der Wunde nicht kennen. Auch für Ihr Leben ist diese Information wichtig, nämlich dann, wenn Sie das Opfer einer solchen Bißverletzung sind. In diesem Fall ist unbedingt zu überprüfen, wann Sie Ihre letzte Tetanusimpfung erhalten haben.

und sich bei dem Versuch freizukommen, selbst erwürgt. Ein Lederhalsband ist hingegen unbedenklich und kann ständig um den Hals des Hundes belassen werden. Es ist weiterhin darauf zu achten, daß der Hund keinen Zugang zu kleinen, splitternden oder Hohlknochen hat. Dazu zählen kleine Knochenteile, zu kleine Markknochen, Kotelettknochen und Knochen von gebratenem oder gekochtem Hähnchen. Ein kleiner Markknochen kann klein genug sein, um problemlos verschluckt zu wer-

Ertrinken

Es passiert hin und wieder, daß besonders junge Hunde oder Welpen in ein öffentliches Gewässer oder einen Swimmingpool springen oder fallen. Obwohl der Hund darauf instinktiv mit Schwimmbewegungen reagiert, kann es schnell dazu kommen, daß ihm die Kraft ausgeht, bevor er das sichere Ufer erreicht, abgetrieben wird oder sich in seiner Panik am falschen Ende des Pools herauszuziehen versucht, dort jedoch immer wieder abrutscht und ins Wasser zurückfällt.

fernt, der Hund dann am Hinterkörper gehalten und mit dem Oberkörper nach unten hängend hin und her geschwungen, um das Wasser aus den Lungen zu entfernen. Die Zunge wird aus dem Maul herausgezogen, um die Atmung nicht zu behindern und es werden Mund-zu-Mund-Beatmung sowie Herzmassagen durchgeführt (wie unter „Wiederbelebung" beschrieben). Der Tierarzt ist umgehend zu benachrichtigen.

Diese Erste Hilfe-Maßnahmen dürfen nicht eingestellt werden, bis das Tier entweder zu sich kommt und das verschluckte Was-

Genau das sollten Sie nicht tun! Mit der Leine kann der Hund beim Schwimmen an den Ästen von Treibholz hängenbleiben und ohne Hilfe jämmerlich ertrinken.

Wird der Hund umgehend nach dem Untergehen geborgen, können Wiederbelebungsversuche durchaus erfolgreich sein. Das Maul wird geöffnet, alle Fremdkörper wie Schmutz und ähnliches schnell ent-

ser erbricht oder ärztliche Hilfe eingetroffen ist. Außerdem sollte das Tier in eine Decke eingewickelt warmgehalten werden, denn es besteht zusätzlich akute Unterkühlungs- und Schockgefahr.

Elektroschock

Welpen, Junghunde, jedoch auch bereits ältere Tiere neigen oftmals dazu, sich plötzlich und unvermutet mit Dingen im Haus zu beschäftigen, die sie vorher nicht eines Blickes gewürdigt haben. Dazu können auch Elektrokabel und elektrische Geräte gehören.

Welpen und Junghunde sind genauso neugierig wie Kleinkinder und verspüren den unbändigen Drang, alles Unbekannte mit ihrer kleinen feuchten Nase, den Pfoten oder sogar den Zähnen zu untersuchen. Deshalb empfiehlt es sich, in Reichweite befindliche Steckdosen mit Sicherheitskappen zu versehen und den gesamten Stromkreislauf mit einem ultraflinken Schutzschalter abzusichern. Dabei handelt es sich um einem sogenannten Wasserschlag-Sicherheitsschutzschalter, kurz FI-Schalter genannt, der in jedem guten Elektrogeschäft erhältlich ist. Diese ultraflink reagierenden „Sicherungen" sprechen bereits auf geringste Fehlerströme an und schalten sofort den gesamten Stromkreis ab, lange bevor dies eine normale Sicherung tun würde. Sie können so nicht nur das Leben des Hundes oder auch eines Kindes retten, sondern verhindern darüberhinaus auch auf diese Weise entstehende Wohnungsbrände.

Ich kann aus eigener Erfahrung versichern, daß diese Maßnahme lebensrettend sein kann. Einer meiner Hunde, sieben Jahre alt, hatte sich eines Tages ein in Reichweite befindliches Verlängerungskabel in sein Körbchen gezerrt und genüßlich darauf herumgekaut, bis die Isolierung durchbrochen und die nackten Kabel miteinander und seiner feuchten Zunge in direkten Kontakt kamen. Der Sicherheitsschutz-schalter, der zu diesem Zeitpunkt glücklicherweise bereits installiert war, reagierte sofort und rettete ihm so das Leben.

Kommt es jedoch zu einem Stromschlagunfall, weil eine solche Sicherheitseinrichtung nicht vorhanden ist, müssen folgende Dinge beachtet werden. Zuerst muß sofort der Stromkreis unterbrochen werden, bevor das betreffende Tier angefaßt wird. Die Zunge wird aus dem Maul herausgezogen und Mund-zu-Mund-Beatmung sowie Herzmassagen durchgeführt. Der Hund muß schnellstmöglich einem Tierarzt vorgeführt werden, denn Stromschläge können nicht sichtbare innere Verletzungen wie Lungenschäden verursachen, die eine sofortige Behandlung erfordern.

Es ist grundsätzlich darauf zu achten, daß sich elektrische Geräte stets außerhalb der Reichweite des Hundes befinden. Bei in Betrieb befindlichen Geräten, die zeitweise oder ständig ans Stromnetz angeschlossen sind, müssen die Kabel so verlegt sein, daß der Hund nicht daran hängenbleiben und das Gerät herunterreißen kann.

Augen

Gerötete Augen weisen auf Augeninfektionen hin – jede Rötung des weißen inneren Augenbereiches ist ein Alarmzeichen. Schielen, eine trübe Pupille oder eine offensichtlich beeinträchtigte Sehfähigkeit sind Anzeichen für ernste Probleme wie ein Glaukom (Grüner Star) oder ähnlich schwere Augenerkrankungen.

Bei einem Glaukom ist umgehende ärztliche Hilfe erforderlich, um das Augenlicht des Tieres zu retten. Eine prolabierte Nickhaut (vorfallendes drittes Augenlid) ist eine anormale Erscheinung und deutet

Bereich unter dem Auge anhaltend feucht, was wiederum zu einer Bakterieninfektion führen kann.

Schwellungen, Rötungen oder geplatzte Blutgefäße im Inneren des Auges können auch einen im Auge befindlichen Fremdkörper als Ursache haben. Dieser muß schnellstens, jedoch mit größter Vorsicht entfernt werden, wozu das Auge am besten mit kaltem Wasser ausgewaschen wird. Klingen Schwellung und Rötung danach nicht zusehends ab, und erweckt der Hund durch auffälliges Blinzeln und Reiben mit der Pfote immer noch den Eindruck, daß etwas das Auge irritiert, sollte unbedingt ein Tierarzt aufgesucht werden.

Die Liste der möglichen Ursachen für Augenprobleme ist lang – Allergien, Infektionen, Fremdkörper, eingewachsene Wimpern, störende lange Gesichtshaare, Erkrankungen oder Verletzungen des Tränenkanals, deformierte Augenlider und so weiter. Jede dieser Ursachen erfordert eine individuelle Behandlung, über die generell der Tierarzt und nicht das Gutdünken des Halters entscheiden sollte.

auf ein unterschwelliges Problem hin. Das Gleiche gilt für ein schlaffes, herunterhängendes oberes oder auch unteres Augenlid.

Allergien oder ständig tränende Augen können ein vorübergehendes, dabei aber sehr störendes Problem sein. Durch die stetig austretende Tränenflüssigkeit ist der

Ohren

Das gesunde Hundeohr zeigt eine innen rosafarbene Ohrmuschel, ist frei von Sekretabsonderungen, und der Hund verspürt nur hin und wieder den Drang, sich am Ohr zu kratzen.

Wird häufiges und hartnäckiges Kratzen beobachtet, ist die Ohrmuschel rot gefärbt, wirkt die Haut entzündet oder rauh, sind Absonderungen von dunklem oder blutigem Ohrenschmalz oder übelriechende Ablagerungen von braunen, gelblichen oder blutigen Verkrustungen im Ohr zu entdecken, wird der Kopf häufig geschüttelt, reagiert das Tier bei der Berührung der Ohren mit Schmerzen oder sind Schwellungen vorhanden, liegt ein offensichtliches Problem vor.

So lang wie die Liste der möglichen Symptome ist auch die der infragekommenden Ursachen – Futterallergien oder Reaktionen auf eingeatmete Stoffe, ein Milbenbefall, eine allergische Reaktion auf ein Medikament, eine Infektion, eine Verletzung, eine Zecke oder ein anderer Fremdkörper der, wie auch immer, in das Ohrinnere gelangt ist. Bei älteren Hunden kann ein häufiges Kopfschütteln auch mit einer altersbedingten Schwerhörigkeit in Zusammenhang stehen, die das Tier irritiert. Sicherlich handelt es sich bei den meisten dieser Erscheinungen um keinen wirklichen Notfall, jedoch sollten sie trotzdem nicht auf die leichte Schulter genommen, sondern es sollte schnellstens reagiert und versucht werden, die Ursache zu ergründen. Gewißheit darüber, um welche der vielen Möglichkeiten es sich nun definitiv handelt, kann nur eine eingehende Untersuchung beim Tierarzt bringen.

Das Atmungssystem

Husten oder häufiges Niesen sind deutliche Anzeichen für Atemwegserkrankungen. Es kann sich dabei um eine Erkältung, eine Bronchitis, eine Lungenentzündung aber auch um eine Allergie oder eine Mandelentzündung handeln.

Es ist unbedingt darauf zu achten, ob die Atmung flach, beschleunigt, verlangsamt oder schwer ist. In jedem Fall ist bei Auftreten der vorgenannten Symptome wie auch bei röchelnden oder lauten Atemgeräuschen sofort ein Tierarzt zu konsultieren, um dem Übel so schnell wie möglich auf die Schliche zu kommen.

Fischgräten

Es sollte unnötig sein zu erwähnen, daß vor dem Verfüttern von Fisch sämtliche Gräten zu entfernen sind. Dennoch kann es dazu kommen, daß eine Gräte übersehen wurde, der Hund den Fisch aus einer Mülltonne ausgegraben oder von einem „freundlichen" Nachbarn bekommen hat, was meistens ohne das Wissen des Halters geschieht.

In solchen Fällen darf nicht versucht werden, die festhängende Gräte aus dem Hals des Hundes zu entfernen, weil ein Laie dabei durchaus mehr Schaden anrichten als helfen kann. Außerdem wird sich das verängstigte und unter Schmerzen leidende Tier nicht so ohne weiteres in den Hals fassen lassen, was in den meisten Fällen das Verabreichen eines Beruhigungsmittels notwendig macht. Hat sich die Gräte quer im Hals verfangen, was meistens der Fall ist, muß sie erst in der Mitte durchtrennt werden, bevor dann beide Teile einzeln entfernt werden können. Anderenfalls würde der Versuch, die festhängende Gräte in einem Stück herausziehen zu wollen, unweigerlich in einer noch schlimmeren Verletzung ausarten, als der, die sowieso bereits entstanden ist. Diese Verletzung muß vermutlich mit Antibiotika behandelt werden, weshalb unbedingt und umgehend ein Tierarzt aufzusuchen ist.

Fremdkörper

Es ist teilweise unglaublich, für welch unmögliche Dinge sich ein Hund begeistern kann. Unterhalten Sie sich einmal ausgiebig mit einem Tierarzt, werden Sie kaum glauben wollen, was dieser schon alles aus den gemarterten Mägen und Gedärmen von Hunden herausoperiert

... und denken Sie dran

Um es gar nicht erst zu Unfällen kommen zu lassen, ist Vorbeugung die wichtigste Maßnahme. Denken Sie stets daran, daß ein Hund, vorallem ein noch sehr junger, wie ein Kleinkind handelt und von mehr oder weniger den gleichen Dingen und Situationen magisch angezogen wird. Lassen Sie bei Ihrem Hund die gleiche Vor- und Umsicht walten, wie bei Ihren Kindern. Das ist der beste Weg zur Vermeidung von Unfällen

hat. Besonders junge Hunde betrachten alles, was ihnen vor die Nase kommt, in erster Linie als freßbar. Dabei wird kaum darauf geachtet, ob das Objekt auch schmeckt, solange es nur in irgendeiner Weise anregend oder interessant riecht.

Zu solch gefährlichen Fremdkörpern, die das Leben eines Hundes schnell und vorzeitig beenden können, zählen nicht nur Splitterknochen von Koteletts und die Hohlknochen von gebratenem Geflügel, sondern auch beispielsweise das Verpackungsmaterial von Lebensmitteln. Der Papp- oder Styroporteller und die Klarsichtfolie, in der Fleisch verpackt war, Staniolfolie, Plastiktüten, einfach alles, was zur Verpackung von Fleisch, Wurst und anderen verlockend riechenden Dingen benutzt wird, erregen das Interesse eines Hundes. Der daran haftende Duft macht das Objekt so reizvoll, daß es kurzerhand angeknabbert oder gleich mit „Haut und Haaren" verschlungen wird. Oftmals sind es auch nur kleine Teile von Fremdkörpern, die in den Magen gelangen und dann unverdaut über den Darm ausgeschieden oder erbrochen werden – was jedoch, wenn das Objekt weder vorne noch hinten auf mehr oder weniger natürliche Weise wieder austritt?

Ob Sie es glauben oder nicht, es sind nicht nur nach Lebensmitteln riechende Fremdkörper aus Hunden herausoperiert worden, sondern auch eine Reihe anderer Dinge wie Steine, Socken, Unterhosen, Strümpfe, Windeln, Waschlappen, alle Arten von Plastik, Spielzeug und sogar Teile von Reitpeitschen, Schuhen und Handtaschen!

Offensichtlich sollte ein Hund dahingehend erzogen werden, sich nicht an solchen Dingen zu vergreifen, sondern sich mit seinem (hoffentlich) gefahrlosen Spielzeug zu beschäftigen, jedoch muß besonders bei Welpen und Junghunden jederzeit mit einem solchen Zwischenfall gerechnet werden. Treffen Sie also auf angeknabberte Gegenstände, vermissen plötzlich welche, findet beim Hund keine Verdauung statt oder muß er sich offensichtlich quälen, um wenigstens eine kleine Kotmenge auszuscheiden, wird aus unerklärlichen Gründen das Futter verweigert oder dieses kurz nach dem Verzehr wieder erbrochen, versucht sich das Tier erfolglos zu erbrechen, reagiert auf das leichte Abtasten von Magen- und Darmbereich mit Anzeichen von Schmerzen oder die Magenregion wirkt aufgebläht, sind das alles Anzeichen für einen ernsthaften Notfall.

Der Hund muß umgehend zu einem Tierarzt gebracht werden, der feststellen wird, ob eine sofortige Operation erforderlich ist oder ob vielleicht ein geeignetes Abführ- oder Brechmittel die ersehnte Erleichterung bringt. Obwohl oftmals dazu geraten wird, den Hund umgehend erbrechen zu lassen, soll an dieser Stelle davon abgeraten werden. Abhängig davon, was für einen Gegenstand das Tier verschluckt hat, wie groß er ist, aus welchem Material er besteht, welche Menge davon gefressen wurden, wie lange es bereits im Magen liegt und in welchem Allgemeinzustand sich das Tier befindet, kann Erbrechen den Schaden durchaus noch vergrößern. Die Entscheidung darüber, was wann und wie in einem solchen Fall getan werden muß, sollte hier unbedingt dem Tierarzt überlassen werden.

Hitzschlag

Die häufig anzutreffende Meinung, daß besonders langhaarige Hunderassen unter hohen Temperaturen leiden, ist falsch genau das Gegenteil ist der Fall. Es sind meistens die kurzhaarigen Rassen, die statt Ober- und Unterfell nur eine Fellschicht mit einer dementsprechend schlechteren Isolationswirkung besitzen und dadurch auf hohe Temperaturen empfindlicher reagieren. Außerdem hat die Länge der Schnauze einen anatomisch bedingten Einfluß auf das natürliche „Kühlsystem"

Eine Sonnenbrille wird Ihr Rottweiler wohl kaum benötigen, vor zuviel Hitze sollten Sie ihn allerdings schützen. Hunde können durchaus auch einen Hitzschlag bekommen und es sind gerdade die kurzhaarigen Rassen besonders hitzeempfindlich.

des Hundes. Dieses funktioniert bei Hunden mit längeren Schnauzen effektiver als bei kurzschnäuzigen. Darüberhinaus besteht ein erhöhtes Risiko für alle übergewichtigen und herzkranken Hunde.

Es kann jedoch in jedem Fall zu einem Hitzschlag kommen, wenn das Tier für längere Zeit sehr hohen Temperaturen oder direkter Sonneneinstrahlung ausgesetzt wird, ohne dem ausweichen zu können. Solche Situationen entstehen beispielsweise, wenn der Hund im Auto eingesperrt ist, dieses in der Sonne steht oder die Außentemperaturen relativ hoch sind. Selbst an beiden Seiten leicht geöffnete Fenster schaffen hier keine ausreichende Abhilfe. Das Anbinden des Hundes an einem sonnenexponierten Platz im Freien oder das übermäßige Herumtollen mit dem Tier in der Sonne sind ebenfalls gefahrenträchtige Situationen.

Anzeichen für einen Hitzschlag sind flaches, schnelles Atmen, beschleunigter Herzschlag, eine erhöhte Körpertemperatur sowie Ohnmachtsanfälle. In einem solchen Fall muß das Tier sofort gekühlt und von einem Tierarzt behandelt werden. Das Kühlen geschieht am besten mit Wasser, das jedoch nicht einfach über das Tier gegossen wird, denn dies würde unweigerlich einen Schock auslösen. Sie reiben das Tier erst mit einem nassen Lappen oder Schwamm mit dem kühlenden Wasser ab und lassen es dann langsam über den Körper rieseln. Der Hund muß unbedingt abgeschattet und mit frischer und kühler Luft versorgt werden, wobei Zugluft zu vermeiden ist.

Außerdem können Sie Eiswürfel um den Kopf und Hals des betroffenen Tieres legen, um eine anhaltende Kühlung zu erzielen. Dabei muß die Körpertemperatur des Tieres überwacht und das Kühlen eingestellt werden, sobald die Normaltemperatur wieder hergestellt ist. Diese wird weiterhin überwacht, um sicherzustellen, daß sie nicht erneut ansteigt, was ein wiederholtes Kühlen erforderlich macht. Bleibt die Temperatur nicht konstant, sondern sinkt auch ohne Kühlung weiter, besteht Lebensgefahr. Professionelle Hilfe ist unbedingt und schnellstmöglich erforderlich.

Vergiftungen allgemein

Vergiftungserscheinungen äußern sich oftmals durch Muskelkrämpfe und Schwäche, übermäßigen Speichelfluß, Erbrechen, heftigen unkontrollierten Durchfall und Gleichgewichtsstörungen. Hier gilt es in erster Linie herauszufinden, was der Hund gefressen oder getrunken hat.

Handelt es sich dabei um chemische Stoffe wie Reinigungsmittel, Farbverdünner oder ähnliches, und Sie sind sich der Ursache der Vergiftung sicher, ist sofort der Tierarzt zu verständigen und über die auf der Verpackung aufgelisteten Inhaltsstoffe zu informieren, damit er sich ein Bild von der Art der Vergiftung machen kann. Er wird noch am Telefon Anweisungen darüber geben, was bis zu seinem Eintreffen zu tun ist.

In einem normalen Haushalt existieren bis zu 500.000 Giftstoffe, die einem Hund gefährlich werden können. Sie mögen im Haushaltsabfall vorhanden sein, es kann sich aber auch um Pestizide, Medikamente, Pflanzen, Schokolade oder Reinigungsmittel handeln, durch die sich der Hund eine Vergiftung zuzieht.

Es kann jedoch auch auf indirektem Weg zu Vergiftungen kommen. Der Verzehr von vergifteten Nagetieren ist nur ein Beispiel dafür. Sie sollten Ihren Hund auch unbedingt dazu erziehen, kein Futter von fremden Personen anzunehmen. Diese Person muß nicht zwingendermaßen etwas Böses im Schilde führen, kann dem Tier jedoch unbewußt etwas zu fressen anbieten, was Giftstoffe enthält (z.B. Schokolade) oder eine allergische Reaktion auslöst.

In jedem Fall muß sofort ein Tierarzt informiert werden. Wenn Sie den Grund des Übels nicht ausfindig machen können, ist

In einem normalen Haushalt gibt es sehr viele Giftstoffe. Genau wie Sie zum Schutz der Kinder keine Reinigungs- oder Putzmittel für diese erreichbar herumstehen lassen sollten, sollten Sie es bei Ihrem Rottweiler handhaben.
Foto: Robert Smith

es ihm dennoch möglich, anhand der deutlichen Symptome zu erahnen, um was es sich aller Wahrscheinlichkeit nach handeln könnte und entsprechende Anweisungen für Erste Hilfe-Maßnahmen zu geben. Und eine sehr wichtige Regel muß unter allen Umständen eingehalten werden – Finger weg von Milch oder anderen bei vergifteten Menschen oft angewendeten Mitteln zur Ersten Hilfe, wenn der Tierarzt nicht ausdrücklich dazu rät!

Die Liste auf Seite 115 erhebt keinen Anspruch auf Vollständigkeit. Sie macht jedoch deutlich, wieviele Giftpflanzen oder deren Früchte oder Teile sich in Haus und Garten befinden können, ohne daß Sie sich ihrer unmittelbaren Gefahr bewußt sind. Natürlich löst das Anknabbern oder Fressen dieser Pflanzen nicht in jedem Fall und zwingendermaßen eine lebensbedrohende Vergiftung aus, jedoch können größere Mengen oder bestimmte Sorten schon zu ernsthaften Problemen führen. Beobachten Sie Ihren Hund dabei, wie er sich an Pflanzen im Haus oder Garten, im Park oder Wald zu schaffen macht und treten hinterher irgendwelche Symptome auf, so ist es wichtig, den Tierarzt über die Art der Pflanze informieren zu können. Der beste und sicherste Weg ist allerdings der, es gar nicht erst dazu kommen zu lassen und dem Tier ein solches Verhalten von Anfang an abzugewöhnen.

Für Sie als Hundebesitzer kann so eine stürmische Begrüßung ja erfreulich sein, denken Sie aber auch an Ihre Besucher. Nicht jeder kann einem ausgewachsenen Rottweiler standhalten. Es empfiehlt sich daher, dies dem Hund schon im Welpenalter ab- bzw. gar nicht erst anzugewöhnen.

Epileptische Anfälle und Krämpfe

Einige Hunderassen sowie viele nicht rassereine Zuchten sind für Erscheinungen dieser Art anfällig. Oftmals weist ein solcher Krampfzustand oder Anfall aber auch auf ein unterschwelliges, anderes Gesundheitsproblem hin.

Gewöhnlich ist ein epileptischer Anfall keine Notfallsituation, es sei denn, er dauert länger als zehn Minuten. Sicherheitshalber ist jedoch in jedem Fall der Tierarzt zu informieren; selbst wenn es während der Nacht zu einem solchen Zwischenfall kommt und der Hund am nächsten Tag wieder einen völlig normalen Eindruck macht. Es kommt, nicht wie beim Menschen dazu, daß die Zunge während eines Anfalls verschluckt wird, weshalb hier keine unmittelbare Lebensgefahr besteht.

Sie sollten in einer solchen Situation niemals versuchen, dem Hund ins Maul zu fassen oder seinen Kopf halten zu wollen, denn das Tier hat keine Kontrolle über sich selbst und könnte Sie ungewollt beißen. Ein solcher Anfall kann so leicht sein, daß er kaum bemerkt wird und der Hund dabei sogar auf seinen vier Beinen stehenbleibt. In schwereren Fällen kann es passieren, daß der Hund vorübergehend bewußtlos wird sowie währenddessen Urin oder Kot ausscheidet. Das Beste, was Sie für Ihren Hund tun können, wenn er mehr oder weniger regelmäßig unter solchen Zuständen leidet, ist die Unterbringung an einem sicheren Ort, wo er sich während eines Anfalls nicht verletzen oder irgendwo herunterfallen kann.

In jedem Fall aber sollte ein Tierarzt eine gründliche Untersuchung vornehmen, um zu ergründen, wodurch diese Anfälle ausgelöst werden. Das ist leider nicht in jedem Fall feststellbar, jedoch besteht zumindest die Möglichkeit, daß ein anderes Gesundheitsproblem der Auslöser ist, welches behoben, diesen Erscheinungen ein Ende setzt.

Schweres Trauma

Bei einer komaähnlichen Bewußtlosigkeit oder einem schweren Schockzustand muß unbedingt sichergestellt sein, daß die Atemwege frei sind. Dazu werden Nase, Maul und Rachen des Hundes dahingehend untersucht, daß sie frei von Speichelansammlungen oder anderen Substanzen sind, die die Atmung beeinträchtigen könnten. Der Körper des Hundes sollte auf der Seite und Kopf sowie Hals in einer leicht gestreckten Position liegen, um das Atmen zu erleichtern. Bei auftretendem Erbrechen muß der Kopf nach unten gerichtet und der Körper angehoben werden, damit nichts in die Luftröhre gelangen kann. Es ist umgehend ärztliche Hilfe anzufordern.

Schock

Ein Schock ist ein lebensbedrohender Zustand, der eine sofortige ärztliche Versorgung erfordert. Zu einem Schockzustand kann es durch einen Unfall, anderweitig entstandene schwere Verletzungen oder auch durch panikartige Angstzustände kommen. Andere Auslöser für einen Schock können starker Blutverlust, Flüssigkeitsverlust, eine Sepsis, Vergiftungen, eine extrem hohe Adrenalinausschüttung, Herzversagen und eine Anaphylaxie (Überempfindlichkeitsreaktion) sein.

Die Symptome sind ein schneller, schwacher Puls, flache Atmung, erweiterte Pupil-

Ab einem Alter von 7 bis 8 Jahren ist der Rottweiler ein älterer Hund. Er wird nicht mehr soviel herumtollen und dafür öfter eine Ruhepause einlegen. Über einen ausgiebigen Spaziergang mit Ihnen wird er sich aber nach wie vor freuen.
Foto: Archiv bede-Verlag

len, Untertemperatur und Muskelschwäche. Die Kapillarfüllungszeit ist verlangsamt, und es dauert länger als zwei Sekunden, bis das Zahnfleisch nach einer Druckprobe seine normale Färbung wiedererlangt.

Der Hund muß warmgehalten und auf dem schnellsten Weg in eine Tierklinik transportiert werden. Jede verlorene Minute bringt das Tier dem Tod einen großen Schritt näher.

Impfreaktionen

In seltenen Fällen kann es vorkommen, daß ein Hund eine anaphylaktische Reaktion auf einen Impfstoff zeigt. Dabei handelt es sich um eine Unverträglichkeit gegenüber den im Impfstoff enthaltenen Eiweißmolekülen. Ein Symptom dafür kann eine deutliche Schwellung um die Schnauze sein, die sich unter Umständen bis hoch zu den Augen erstreckt.

Hier wird der Tierarzt darum bitten, mit dem Tier in seine Praxis zu kommen, um die Ernsthaftigkeit der Reaktion zu begutachten und dem Hund Steroide zu injizieren, die meistens eine schnelle Wirkung zeigen. Bei einigen Hunden kann solch eine Behandlung sowie ein mehrstündiger Praxisaufenthalt bei jeder nachfolgenden Impfung erforderlich werden.

Amarillis (Knollen)

Apfelkerne

Avocadopflanzen

Azaleen

Bittersüß

Brennesseln

Buchsbaumholz

Butterblumen

Caladium (Buntwurz)

Christusdorn

Dieffenbachien

Dreizack-Gras

Efeu

Eibe

Eisenhut

Elefantenohrblatt

Fingerhut

Glyzinien

Goldregen

Holunderbeeren

Hortensien

Hyazinthen (Knollen)

Iris (Knollen)

Japanische Eibe

Jasmin (Beeren)

Kirschkerne

Kletterlilien

Liguster

Lorbeer

Märzbecher (gelbe Osternarzisse)

Mistel (Beeren)

Nachtschattengewächse (grüne Teile von z.B. Kartoffel, Tomate etc.)

Narzissen (Knollen)

Oleander

Pfirsichblätter

Philodendron

Pilze

Rhabarber

Rhododendron

Ringelblume

Rittersporn

Stechpalme

Tabak (nicht nur als Pflanze, sondern auch in Form von Zigaretten, Zigarren, etc.)

Tollkirschen

Tulpenzwiebeln

Walnuß

Zuckerbohnen

Vorsicht vor giftigen Pflanzen

Atrophie der Wirbelsäulenmuskulatur
vergrößerte Speiseröhre hat zur Folge,
daß die Hunde ihr Futter wieder her-
auswürgen 77

Bluterkrankheiten
siehe bei Von-Willebrand-Krankheit
77

Darmparasiten
die häufigsten bei Hunden auftretenden
Darmparasiten sind Bandwürmer, Hakenwürmer, Peitschenwürmer und Rundwürmer 87

Degenerativer Kreuzbandabriß
dabei entsteht eine Lahmheit beim
Hund, die nicht immer schmerzhaft
sein muß 61

Degenerative Rückenmarksentzündung
Ansammlung von sich langsam entwickelnden, degenerativen Schädigungen der Wirbelsäule 62

Ellbogengelenksdysplasie
die Erkrankung entsteht durch eine
anormale Entwicklung der Elle, einem
der Unterarmknochen, daraus resultiert
ein instabiles Ellbogengelenk 63

Erste Hilfe 94

Flöhe
es handelt sich nicht nur um den unangenehmsten Außenparasiten, sondern
zudem um einen viele Krankheiten
übertragenden Parasiten 80

Giardiase
siehe bei Kokzidiose 88

Gelbsucht, Hepatitis 93

Genetisch bedingte Krankheiten
Erbkrankheiten, teilweise durch Inzucht
in ihrer Häufigkeit ungewollt gefördert
60

Hepatitis, Gelbsucht 93

Herzwurm-Parasitose
Parasiten, die von einer in Deutschland
nicht heimischen Mückenart übertragen wird 86

Hüftgelenksdysplasie
eine genetisch bedingte Mißbildung
der Gelenkkugel und der Gelenkpfanne der Hüfte 66

Kartagener Syndrom
die haarartigen Wimpern im Atmungstrakt kommen ihrer Abwehrfunktion
gegen das Eindringen von Fremdkörpern nicht mehr nach 74

Kokzidiose und Giardiase
Infektionskrankheiten, die gewöhnlich
Welpen befallen und von Einzellern
(Protozoen) hervorgerufen werden 88

Krankhafte Herzvenenverengung
vererbbarer Herzfehler, durch den der
ungehinderte Rückfluß des Blutes aus
dem Herzen beeinträchtigt wird 60

Retinaatrophie
schnell voranschreitende Verringerung der Sehfähigkeit 75

Retinadysplasie
von Geburt an abnormal entwickelte Netzhaut 77

Osteochondrose
genetisch bedingte Degeneration der Knochen und Knorpel 70

Räude
jede Art von durch Milben hervorgerufenen Hautproblemen 84

Schilddrüsenunterfunktion
eine hormonelle Funktionsstörungen der Schilddrüse 68

Staupe
eine Virusinfektion 92

Toxoplasmose
ein Krankheitsbild, das durch einen Einzeller, Toxoplasma gondii, hervorgerufen wird 93

Tracheobronchitis
siehe bei Zwingerhusten 92

Virusinfektionen
Hunde können von verschiedenen Viruserkrankungen wie Hepatitis, Parvovirose, Tollwut und Staupe befallen werden, wenn sie in Kontakt mit anderen Tieren kommen, die Träger dieser Parasitosen sind 90

Von-Willebrand-Krankheit
bei uns in Deutschland glücklicherweise nicht verbreitet. Bluterkrankheit 77

Zecke
rötlich brauner bis graublauer, blutsaugender Außenparasit, auch Schildzecke genannt, gehört zu den Milben 83

Zwingerhusten
eine infektiöse Entzündung der Luftröhre und der Bronchien (Tracheobronchitis) 92

Mein Rottweiler

Platz für das erste Foto Ihres Welpen

Mein Hund heißt

Mutter   **Vater**

Züchter

Geburtsdatum

___

Hundemarkennummer

___

Besondere Kennzeichen (Tätowierung, Fellfarbe etc.)

___

Tierarzt   Telefon

___

Adresse des Tierarztes

___

Tierklinik

Besondere Termine (Impfungen, Untersuchungen)

Datum	Art	Datum	Art